U0107415

24位 清北学子

高效学习经验解码

主　编 ⊙ 房超平

副主编 ⊙ 韩世文 / 黄建海 / 熊立铭 / 张敏

作家出版社

图书在版编目（CIP）数据

24位清北学子高效学习经验解码：北大篇 / 房超平主编 .
—北京：作家出版社，2024.7
ISBN 978-7-5212-2785-7

I.① 2… Ⅱ.①房… Ⅲ.①高中生 – 学习方法
Ⅳ.① G632.46

中国国家版本馆 CIP 数据核字（2024）第 078547 号

24 位清北学子高效学习经验解码：北大篇

主　　编：房超平
策　　划：郑建华　房超平
责任编辑：郑建华　赵文文
装帧设计：肖　晓
出版发行：作家出版社有限公司
社　　址：北京农展馆南里 10 号　　　邮　　编：100125
电话传真：86–10–65067186（发行中心及邮购部）
　　　　　86–10–65004079（总编室）
E–mail:zuojia @ zuojia.net.cn
http://www.zuojiachubanshe.com
印　　刷：三河市紫恒印装有限公司
成品尺寸：165 × 240
字　　数：171 千
印　　张：13.25
版　　次：2024 年 7 月第 1 版
印　　次：2024 年 7 月第 1 次印刷
ISBN　978-7-5212-2785-7
定　　价：48.00 元

总顾问

王殿军　清华附中原校长，清华大学教授，中国教育战略发展学会副会长

顾　问（排名不分先后）

訾艳阳　西安交大附中校长，西安交大教授，博士生导师

周　杰　清华附中原副校长，云南省昆明西南联大研究院附属学校校长

周　剑　郑州外国语学校副校长，平原校区执行校长

程惠云　清华附中湾区学校执行校长，特级教师

付伟凭　清华附中大兴学校党总支书记

柳海英　海南中学党委书记，正高级教师

罗　诚　深圳科学高中党委书记，特级教师，正高级教师

陈　辉　海南省国兴中学校长，特级教师，正高级教师

沈忠杰　浙江海宁高级中学校长

王　茹　哈尔滨十三中校长，正高级教师

李后兵　襄阳五中党委书记，正高级教师

李　环　烟台市开发区高级中学校长，齐鲁名校长

李丽云　烟台市第三中学校长

周继莉　郑州外国语学校（集团）郑开学校校长

李　冰　西安市庆安初级中学集团总校长，正高级教师

李晓文　西安高新一中实验中学执行校长

王玉合　郑州外国语学校（集团）朗悦慧外国语中学执行校长，正高级教师

林间开　广州市执信中学党委副书记、副校长，特级教师，正高级教师

韩明礼　河北省丰宁满族自治县原教育局长

王遂社　陕西开放大学兼职教授

写在前面

· ·　　1

第一部分　成长大道
/ 绽放青春华彩 · · · · · · · · · · · · · · · · · ·　　1

制定自己的说明书　　/ 小艾 · · · · · · · · · · · · · · · ·　　3

【阅读参考】敬畏世界　才能打开无限世界 · · · · · · · · · · · ·　　18

凤凰涅槃　绽放华彩　　/ 小洛 · · · · · · · · · · · · · · ·　　21

【阅读参考】做一个善于登攀的"明"人 · · · · · · · · · · · · ·　　30

激情燃烧的不只是岁月　　/ 王炜程 · · · · · · · · · · · ·　　32

【阅读参考】学习、生活　"双轮"驱动健康人生 · · · · · · ·　　42

大山阻不断北大路　　/ 山源 · · · · · · · · · · · · · · · ·　　44

【阅读参考】在人生转折期做好选择 · · · · · · · · · · · · · · ·　　57

翻山越岭只为遇见更好的自己　　/ 朱宇乔 · · · · · · · · ·　　59

【阅读参考】成长比成功更重要 · · · · · · · · · · · · · · · · ·　　73

知识改变的不仅仅是命运　　/ 李文鑫 · · · · · · · · · · ·　　75

【阅读参考】在兴趣与现实面前　千万别踟蹰不前 · · · · · · ·　　85

咫尺理想　用智慧跨越　　/ 更生 · · · · · · · · · · · · · ·　　87

【阅读参考】真心才能换来真情 · · · · · · · · · · · · · · · · ·　　95

理科生的文科成功之道　　/ 汤倩 · · · · · · · · · · · · · ·　　97

【阅读参考】正确处理全才与专才的关系 · · · · · · · · · · · ·　　104

失败带来的财富　　/ 鱼米 ·················· 107

【阅读参考】摘下"人格面具"　才能赢得尊严 ············· 115

不妨抬望眼　信步向前　　/ 陈红翰 ··············· 117

【阅读参考】从他律到自律　成就别样的未来 ············· 125

直面打怪升级　攻克三大难题　　/ 胡洋 ············· 128

【阅读参考】化危为机需要辩证思维 ··················· 139

第二部分　学习精术
/ 破解高效密码 ················· 143

英语：Fake it till you make it　　/ 小艾 ········· 145

【阅读参考】英语：一门适合自学的学科 ················ 151

物理：从兴趣之火到解题无忧　　/ 小洛 ············ 154

【阅读参考】把握学科本质　"三步"学好物理 ·········· 162

化学：熟读课本　重视错题　化繁为简　　/ 胡洋 ········ 165

【阅读参考】吃透课本　才能学通化学 ················ 169

历史的唯一性和非唯一性　　/ 更生 ··············· 171

【阅读参考】"走进"历史　才能学史增信 ············· 177

梦想从这里起航

·················· 180

写在前面

房超平

　　编辑此书，缘于清华附中大兴学校、清华附中湾区学校、昆明西南联大研究院附属学校等清华附中合作学校以及郑州外国语学校平原校区（平原外国语学校）等学校，延请笔者策划、组织、实施的青年领袖特训营（以下简称"特训营"）。

　　这个以"发现自我，拓展视野，提升格局，点燃梦想"为主题的特训营，导师由清华大学和北京大学在校优秀学生（以下简称"清北优秀学子"）担任，学员为高一高二在校学生，他们每六人组成一个学习型小组，由一名清北优秀学子带领开展团队合作学习。特训营的学习内容有以下六个模块：导师中学学习生活经验分享与交流、中学学科经验分享与交流、大学所学专业及其名人逸事介绍、梦想形成过程分享与交流，以及这些导师带领所指导的小组学员的多学科关键能力（包括沟通、协调、批判性思维、创造力、复杂问题解决五个方面）团队合作竞赛，试图通过导师分享、组内交流、组间展示、互动质疑等环节，使学员学会合作学习的基本要领，掌握高效、科学的学习方法与策略，发现每一个学员的闪光点，增强他们的信心，提高他们的表达能力、创新能力以及合作能力等。

　　由于每次特训营都组织严密，措施得力，导师积极、认真按照设计要求准备相关材料，学生也喜欢这种别开生面的活动式、引导式、参与式、体验式的学习，参与的学生热情高涨，受益匪浅，受到学校、学生、家长及社会的高度认可。很多学员在回顾总结时，情不自禁地发出这样的感叹：榜样的力量是无穷的，导师的求学精神与作风打动了我们。一些原本羞涩的小女生、胆怯的乖男孩，经过短短几天高强度训练，变得自信了、大方了，与以前完全判若两人。

这些可喜变化不仅悄然发生在学生身上，更是具体真实地看在家长和老师的眼里。连续几年，十余场这样的特训营，积累了大量生动鲜活的案例。而这些案例都与一个特殊的群体——清北优秀学子密不可分。于是，一个追问油然而生：这些清北学子身上究竟有什么魅力，能产生如此大的影响力？他们成长的背后究竟隐藏着哪些秘密？要寻找这些问题的答案，绕不开清北优秀学子这个群体本身。解开他们的成长密码和学业秘籍就成为某种必然，本书也呼之欲出。

作家出版社郑建华主任看到特训营的相关文章后，与笔者进行了详细、认真的沟通，并根据特训营的效果，建议我们把特训营的有关稿件（特别是清北优秀学子中学学习生活经历和各学科学习方法策略）进行整理，编辑成一本激励学生学习的专著。在郑主任的支持和指导下，笔者根据稿件的质量，从六十多位导师的宣讲文稿中筛选出二十四位导师的稿件，作为组稿的主要素材。然后，按照郑主任和笔者商量的编辑要求，组织这些导师对他们写的稿件进行了认真整理、修改和完善，形成了这本书的雏形。

初稿整理完成后，根据郑主任的建议，笔者对书稿进行了系统思考，并约请清华大学熊立铭、张敏两位导师，与笔者一起对稿件进行了认真修改，接着，邀请韩世文、黄建海两位专家在线上为每篇文章撰写阅读建议，以便读者能够读懂这些优秀学子文章背后的思考，模仿、借鉴他们的经验，提升每个孩子的学习效率。初稿形成后，笔者又根据编辑意图，进行了修改和完善。由于个别学生的稿件内容涉及个人隐私，所以根据他们的要求和建议，征得出版社同意，允许少数同学使用笔名。因此，可以这样说，没有郑主任的慧眼识珠，没有这些学生的辛勤付出，没有参与的每一个学员的全情投入，没有相关学校的大力支持，特别是没有我的老领导、清华附中原校长王殿军的指点迷津，出版本书几乎是不可能的。因此，笔者对他们表示衷心的感谢。同时，笔者还要感谢唐冰、白篮、肖恩卫等朋友的热心帮助，特别是肖晓为本书所设计的精美封面。

需要说明的是，由于内容较多，本书分为清华篇和北大篇两本。每一本书都分为"成长大道：绽放青春华彩"和"学科精术：破解高效密码"两部分。顾名思义，"成长大道"主要是导师对高中学习生活的回顾，二十四位导师每人一篇。"学科精术"主要是导师各学科学习经验汇编，语数英理化生史地政九大学科各有一篇入选（鉴于这部分内容会有部分重复，每个学科只选择一名导师的相关文章），而且因为九个学科分别由清华、北大的同学完成，所以每本书里只有部分学科经验，而两本书则包含了高中选考的九大学科的学习经验。

特别感谢下列单位对本书的大力支持：

北京曝华教育研究院

清华校友基础教育协会

北京紫荆花开教育科技有限公司

新思道（北京）教育科学研究院

3

第一部分　成长大道

绽放青春华彩

制定自己的说明书

小　艾

作者简介

小艾，北京大学医学部在读本科生。毕业于北京某重点高中。高中时期政治一模、二模卷面分全区第一。曾获北京大学三等奖学金、北京大学三好学生等称号。曾经多次受邀为高中生分享经验。

核心提示

小艾的高中生活是一个充满改变与成长的曲折故事。初中阶段，学习对她来说并不是一件难事，即使不太努力，成绩也非常好。然而，进入高中后，学习节奏加快、内容变多，她的成绩开始下滑。于是，她总和他人攀比，开始"自我感动"地学习。追求细枝末节的完美，让她忽略了全局的学习方法。但是，高三时，她觉醒了。她每天只休息四个小时，全身心地投入学习中。然而，这种高强度的学习方式不久却让她身体垮了。这是一次血的教训。她又一次明白了要尊重规律，注重学习方法。于是，她改变策略，从纠正错题开始，抓住关键点，攻克难点，厘清思路，建立模型。最终，她实现了高质量的努力，从光环笼罩，到叛逆躺平，再到奋起逆袭，成功考入北京大学。

一个人只要是不断向上、向善，那她就有一颗高贵的灵魂。

——题记

我在初三就被点招到了高中。但和初中大有差异的高中学习节奏、生活完全打乱了我的计划。我在高中经历了很多变化。我的高一在理科实验班，高二转到了文科实验班，同时又经历了疫情防控期间的线上学习。但我最终不断优化学习计划、方法，加大了我对于学习内容和高考题的思考力度，高三的时候找到了学习心态与努力之间的平衡方法，最终也如愿以偿地进入了北京大学。

其实，我们每个人的智商都差不多。从一定程度上说，做事的心态决定了你的结果。我认为最重要的心态就是敬畏之心。没有敬畏之心，做事随意、粗心大意、得过且过，终会崩盘；始终怀有敬畏之心，良心可安、诸事皆可为，终能提高个人幸福感。空杯心态，就是对于某事物或某人怀有谦卑之心，如此才能听得进去知识，比如敬畏老师的课堂。老师的新解法、新思想往往会在课堂中有所渗透，如果我们因自认为这节课简单而彻底不听，那损失可是自己的。怀有敬畏之心，会让我们对得到的东西感恩，从而提升自己的获得感、幸福感，自身的内驱力也会充满力量，表现出来便是较强的执行力。要养成怀有敬畏之心的习惯，就从认真看这篇分享开始吧。

"认识你自己"

努力学习的第一步就是知道自己应该如何学习。苏格拉底说："认识你自己。"在人云亦云中，我们很容易迷失自己的方向。这就让我们无法集中于自身，而忙于无用的学习或和他人的比较中。我的高一在理科实验班度过，班里有很多数理化比我好太多的同学，因此老师上课也会讲得比较快。不夸张地说，真的是你低头捡一支笔起来就跟不上了。我曾经在这种课堂上非常痛苦，毕竟全神贯注地听可能也跟不上，更不用说课下的作业要啃很久。成绩非常不理想。后来，有一次我因为生病没有来上某一天的数学课，只好借了同学的笔记加上书、练习册自己学习。那一次，虽然我花了很长时间去补上，但我发现了自己之前学习存在的一个大漏洞。那就是——"永远不要试图用战术上的勤奋，掩饰战略上的懒惰"。我确实努力地在听老师讲，但因为我本身就对基础知识不熟悉，可能他们谈到的某个定理，我需要翻半天书才能记起来，而课上早就讨论完了。每个人都有自己的节奏，只要高考还没结束，现在的快慢就没有意义。与其一直盯着旁边的同学做得多好而谴责自己，不如先接受自己，认识到自己的不足，接纳它。我花了一段课下的时间认真补足基础知识，课上就能跟上老师的速度了。并且，我也更加敢于在课上对老师讲的我不懂的部分提问。

"认识你自己"还包含对自己所有学科学习的整体认识。喜欢做自己得心应手的事，这是人的天性。大家都比较爱学自己的优势学科，比如我非常喜欢英语、语文、历史。每天我看到数学作业就头疼。然而，我们要知道优势科目的提分空间远不如薄弱科目。想实现逆袭，必然要先踏出学习的舒适区。于是我告诉自己，每天必须先从数学作业开始写，抓紧刚放学精神、知识都比较活跃的时候，集中攻破数学。有时候，我还会让自己在学校写完数学作业再回家，以此直面自己的薄弱学科。越害怕的学科越要付出更多的努力，虽然过程会比较痛苦，但长期下来，进步一定会很明显！

"认识你自己"最重要的一步是认识到自己要做什么。只要你知道自己是个什么样的人，想成什么样的人，在人生道路的这两个端点之间，你自然就会充满动力地去寻找可以连线的地方。举个例子来说，我高中时就对语言很感兴趣。为了探索不同国家的语言和文化，我当时参与了法语的兴趣班，还因为自己的爱好接触了韩语，参加了奥林匹克语言学竞赛。在学习这些语言的过程中我是快乐的，因此学习的自主性很强。

在现在和未来的自己之间，还有一条必经之路是现实。高中的时间很多都是忙碌的，忙起来，我们甚至顾不得吃上一碗饭。于是我们很少有时间静下心来认识自己。而一个人的未来不只局限于你现在能不能做出手边的这道题，更取决于你有没有认识自己，有没有制订好属于自己的规划，从而做出正确的选择。

认识自己的工具在 21 世纪以来被心理学家和各类社交媒体"喂"到了我们嘴边，最火的就是 MBTI（Myers–Briggs Type Indicator）。虽然MBTI 不全是荣格八维下严格的心理学，但也是帮助我们认识自己的一种方式。当我还是一名高中生的时候，常常感到困惑，不确定自己应该如何学习，如何找到最适合自己的学习方法。后来，我接触到了 MBTI 这一心理学工具。它帮助我更好地认识自己，并制定了符合自己性格特点的学习方法。今天，我想分享这段经验，希望对各位高中生有所帮助。

首先，我要强调 MBTI 不是唯一的方法，但它能帮你找到好的起点。通过 MBTI，我了解到自己的性格类型是 INTJ（直观、思考、判断、洞察力）。这个认识改变了我的一切。我发现我更适合独立学习，通过深入思考和分析来理解知识。如果你还没有尝试过 MBTI 测试，我鼓励你去做一次，它会给你一些关于自己的重要见解。基于 MBTI 的认识，我开始调整自己的学习方法，以更好地适应我的性格特点。MBTI 可以帮助你深入理解自己的学习风格：如果你是外向型（E），你可能更喜欢小组学习和与他人合作。如果你是内向型（I），独立学习可能更适合你。不同的学习风格适用于不同的人，关键是找到适合你的方式：时间管理和计划方面，如果你是判断型（J），你可能更喜欢制订详细的学习计划和时间表，以确保你的任务得以完成。如果你是感知型（P），你可能更喜欢保持一定的灵活性，但要确保不拖延。然后，理解自己的兴趣和优势学科：如果你能够明确自己的兴趣和擅长的学科，就可以更有针对性地制订学习计划，集中精力提高在这些领域的表现。了解自己的学习方式后，寻找适合的学习资源，可以是教科书、在线教程、学术论文等，以满足你的学习需求。最后需要反思和调整：定期回顾你的学习方法，看看哪些有效，哪些需要调整。不断改进自己的方法是持续提高的关键。

认识自己也包括接受自己的独特性。每个人都是不同的，都拥有自己独特的才能和特点。不要试图去迎合别人的期望，而是要珍惜和发展自己的特点。在高中时期，我学会了接受自己是一个有点内向的人，并将这个特点转化为我的优势，例如更深入地思考和研究。

最重要的是，不要试图改变自己的性格，而是要找到适合自己性格的学习方式。每个人都是独特的，你的性格特点是你的优势之一。通过了解自己，你可以更好地发挥自己的潜力，取得更好的学习成绩。MBTI并不是全部，只是一个例子，以鼓励大家进行自我探索。

警惕"自我感动"式学习

《认知驱动》这本书里谈道："努力是最容易做到的，也是自己可以完全掌控的，所以人们往往把努力当作唯一标准。当努力成为唯一标准后，人们就很容易忽略其他因素，只用努力的'形式'来欺骗自己。"不要盲目追求学习时长。很多人表面上看学了很久，其实有效学习时间并不多。要追求长期的学习效率。

我之前喜欢追求一些细枝末节上的完美。比如在记笔记的时候要买很多颜色的荧光笔，用两个多小时"雕刻"一份"学霸笔记"出来。后来我发现，其实这些又全又烦琐的笔记在自己期末复习的时候并不会用到。这就是一种本末倒置。不要用行动上的勤奋掩盖思想上的懒惰。不妨问自己下面这些问题，看看自己是否在"自我感动式"努力：做了精美的笔记和错题本，有没有真正地思考并定期回顾呢？每天熬夜学习，看似很努力，然而熬夜学习的效率如何呢？背了一下午的书，但没有自己归纳形成体系，考试时能灵活运用吗？

制定自己的说明书，就是要了解自己究竟获得了多少知识，这一下午的学习对你有没有用处。不要站在他人的角度用所谓客观的学习时长、学习笔记来评判自己。你永远要比其他人更了解自己。

另一种自我感动更不容易被发现，那就是"努力陷阱"。高中比起学习的任何阶段，其知识密度都更高，难度都更大，这时候一味照搬原来的学习方法，就好像在新时代继续用钻木取火的方式生活。你钻得再努力再认真，也比不上旁边同学的火柴、打火机，甚至电磁炉。努力的陷阱会让我们陷入一味计算学习时长的困境，而忽视了学习效率。改变和找到适合自己的学习方法才是最重要的。表面的努力和耗时长是再简单不过的事情，要面对整改自己的学习习惯、系统性思维才是最复杂而让人想逃避的事情。走出了关注时长的陷阱后你就会发现，学习方法并不需要别人来特殊指点你，你最清楚自己的情况。你会知道今天作业写得慢的原因是注意力不集中、心情不好、作业太难，还是同学关系影响了你。而任何人都只能看到你学习变慢的表象，你需要认识自己，摸清自己，和自己的身体和精神好好相处，才能好好学习。我在高中因为理科学习强度过大，有一段时间确实赶不上班里成绩好的同学，于是就开始一味熬夜刷题，对着一道立体几何的习题几个小时也解不出来，白白浪费时间。别人看到的都是我在挑灯夜战，只有我知道我的脑子其实根本转不动了，长时间只睡四个小时和只针对解决问题而不关注方法的后果就是只有自我的"感动"。

如何能区分我们是在真的努力还是在"自我感动"呢？我找到了两个比较行之有效的方法。首先，可以在学习前列出自己的学习计划，之后按照计划按部就班地完成，做到依据效率进行自我评估。可以借助番茄钟、闹钟等软件记录自己的学习时间，科学地进行适度休息和努力学习，找到平衡。同时，这些APP往往能够记录你的学习时间并形成图表。在每天学习结束后，利用五到十分钟简单复盘一下自己每段时间都做了什么事情，哪部分的效率还可以提高，然后进行改正。

其次，可以结成学习小组一起学习进步。自律确实是一件非常困难的事情，我们往往容易在时长上说服自己"熬过去"，而无法保证质量。我在课业压力过大的时候，也会很容易陷入在桌前"熬时长"摸鱼的状态。这时候，如果有一个比较好的朋友可以和你一起学习，就会形成互相监督的氛围，避免自己注意力不集中造成的效率低下。

这些年我一直提醒自己一件事情，千万不要自己感动自己。大部分人看似的努力，不过是只躲在舒适区不愿意思考导致的，什么熬夜看书到天亮，连续几天只睡几小时，多久没放假了，如果这些东西也值得夸耀，那么富士康流水线上的任何一个人都比你努力多了。一旦你出现明天开始努力的想法，而不是从现在开始，那明天的你大概率还是虚度光阴。人最大的痛苦，就是无法跨越"知道"和"做到"的鸿沟。先干起来，逢山开路，遇水搭桥，有什么问题解决什么问题。坐在那里幻想找到一个神奇的、一劳永逸的解决方案是毫无意义的。

那么，我们应该如何进行各科的学习呢？举个例子，因为我本身属新高考省份，选择了物史政，对于文科学习比较有经验。先从最被"污名化"的政治和历史说起，其实它们不是仅靠背诵就能学好的。在历史学习中，我们要意识到历史不仅仅是一堆事实和事件的堆积，更是培养我们的历史观和人文素养的途径。历史学科的基础知识是理解更深层次内容的基础。要熟悉重要事件、人物和时期，这可以通过课本、教师讲解和补充阅读来实现。但要注意，单纯的背诵是不够的，要理解其背后的背景、原因和影响。

历史学科的魅力在于其广度和深度。除了教材内容，可以读一些历史书籍、文章、纪录片等来丰富自己的知识。这可以帮助我们从不同角度看待历史事件，形成更全面的历史观。同时，历史不仅是过去的故事，还与当下息息相关。尝试将历史知识与现实联系起来，思考历史事件如何影响了现在的社会、政治和文化。这样可以帮助我们更深刻地理解历史的价值和意义。

同时，学习历史不仅是获取知识，更是一种思考历史事件和现象的能力。通过学习不同时期、不同文化的历史，可以培养深入思考问题的习惯，不被表面现象所蒙蔽。培养历史观可以让我们从多个角度看待历史事件，理解不同人物的动机、不同国家的立场，形成更全面的认识。这对于培养自己的思辨能力和开放性思维非常重要。同时，现在的很多题目也更加注重对考生想法的考查，而不是简单的背诵。

历史学科蕴含着各种价值观和人类智慧。通过学习不同历史时期的道德观念、政治理念等，我们可以在历史中寻找价值的碰撞和传承，从而培养自己的人文素养。"以史为镜，可以知兴替"，历史总在重演，每个人都可以在历史中找到自己。

在历史学习过程中，我们要注意以下几点：首先，理论联系实际，将历史知识应用到实际问题中，例如分析时事、参与讨论，以加深对历史事件的理解。例如对于拿破仑的评价，有人说他是英雄，有人说他是狗熊，这就需要我们拿出史实的证据，有逻辑地论证观点。

其次，对于一个历史事件，尝试从不同的历史学家、文化、国家等角度去了解，避免单一视角的偏见。新航路的开辟长期以来被视为世界市场的开辟，为全世界带来了福音。但美洲大陆的被殖民者肯定有异议。学习历史，有利于我们去除"西方中心论"，获得自己的思考。

最后，如果条件允许，可以参观历史遗址、博物馆等，亲身感受历史的氛围，加深对历史事件的感知。

在大家刚接触政治这门学科的时候，可能会觉得政治就是一堆枯燥的法规、条款和历史事件，需要死记硬背。但我想告诉大家，政治远不止于此，它其实是一门关于社会、权力、制度和价值观的学科，是非常有趣和有意义的。

首先，理解政治的背景和意义是很重要的。政治不仅仅是政府和国家的事务，它关乎每个人的生活和权益。学习政治可以帮助我们了解国家治理、社会制度、公共政策等方面的知识，从而更好地参与社会和国家的建设。

其次，不要只局限于死记硬背，要注重理解和思考。政治学科涉及很多概念和原理，但单纯地死记硬背很难长久记住和理解。我建议大家要深入思考每个概念背后的逻辑和意义，掌握其实质。通过实际生活和历史事件的联系，可以更好地理解政治的内涵。

对我来说，制作思维导图为我的政治学习奠定了良好的基础。某次，我的大学政治课考试只用了一天的复习时间速成。当然不鼓励大家这样做，但我短时间内背完了全部的基础知识。原因有二：第一，我之前在政治课学过大部分的知识。政治很注重专业性和时效性，因此我们必须多积攒专业术语，一旦你懂了它们，再去学习就很简单。这些的理解和记忆都依靠思维导图建立了牢固的点记忆。第二，我在一天的时间里画出了概括学科的四张 A3 思维导图，建立了完整的知识框架。并不是说大家需要大而全的思维导图，而是可以根据自己的学习情况提取关键词和逻辑进行知识的串联。

再次，把书读厚再读薄。"把书读厚再读薄"是文科学习的精髓。首先，谈谈如何"把书读厚"。政治学科涉及的内容广泛，从法律法规到国际关系，从社会制度到政治理论，所以阅读教材是必不可少的。然而，阅读教材不仅仅是机械地翻译文字，更重要的是理解其中的思想逻辑和内涵。建议在阅读教材时，要注重以下几点：

逐字逐句阅读：政治教材常常使用较为严谨的措辞，因此逐字逐句地阅读可以帮助我们准确理解每个概念和论述。

理清思路：教材中的概念和理论通常是有一定逻辑关系的，要尽量理清其之间的联系和推演过程。

做好笔记：在阅读的过程中，记得用自己的话将重要概念和关键思想记录下来，这样可以帮助我们更好地消化和回顾。

接下来，我们谈谈如何"把书读薄"。政治学科需要的不仅是死记硬背，更需要理解和运用。

归纳总结：在阅读一章节教材后，尝试用自己的话对所学内容进行归纳和总结。这有助于我们理清主线，抓住重点。

解题实践：找一些政治学科的习题，将理论运用到实际问题中。解题过程可以帮助我们更好地理解理论，并培养分析和应用能力。

讨论交流：和同学们一起讨论政治问题，互相交流看法和观点。不同的视角可以帮助我们更全面地理解问题。

案例分析：在学习中加入一些实际案例的分析，才能更好地理解理论知识在实际中的应用。爱上政治并不容易。最后，我想强调的是，爱上政治学习需要耐心和热情。政治学习并不是一蹴而就的，需要持续的学习和思考。在遇到困难和挫折时，不要轻易放弃，要保持积极的态度，坚持下去。同时，要养成定期复习和总结的习惯，不断地巩固所学内容。如果你在政治学习中能够找到属于自己的方法，充分理解并运用其中的知识，就能更好地认识这个世界和社会。请相信，政治学科的知识会成为我们更深刻思考问题、更全面看待事物的工具，也会在未来的道路上为我们拓展一片宽广的天地。

让我们说说语文。我记得在高中学习的时候，有一位语文老师给我留下了很深刻的印象。当时的早读也和现在一样会分给各个学科。语文作为文科大科，理所当然分到了比较多的时间，但是我的老师并没有让我们在早读重复背诵诗词，而是坚持给我们在早上留下读书的时间，无论什么书都可以。这不仅可以养成我们阅读的好习惯，也可以帮助我们积累素材，奠定文学素养。我认为语文学习的秘诀是需要正视语文，把它当作一种生活方式。

语文是我们的母语，但为什么每个字都认识，分却不高？相信很多同学也跟我一样，上了高中后各科压力都很大，数学、地理等学科占用大量时间，分给语文的时间很少，而我们最容易忽视的就是语文的积累。

语文的学习绝对不可以一蹴而就，任何一门语言都不是一天就能精通的。语文的积累体现在文言文实词虚词的用法、成语的恰当运用以及作文的语句等各个方面。我之前一直不懂为什么要背那么多文言文和诗词歌赋，但我后来发现，背下来这些篇目不仅是为了拿古诗默写的分，更是为了能在作文中引用这些名句让老师感受到你的语文水平，同时也提高了语文素养。

我们拿学习"一门语言"而不是"从小到大说的母语"的视角来看待语文，你就会发现一个新的世界。学语文是一场长跑，不是刷一个星期题就能提高的，但是持之以恒的积累与运用一定可以在考试时厚积薄发。所以不要拿一时的成绩来否定自己的语文学习，坚持绝对有收获。像我们在学习英语时，我们习惯了从单词—句子—阅读的方式去理解，其实语文学习也是一样。只有有了足够的基础，才能谈到我们的阅读理解和文学素养。

文学作品的解读过程，实质上是一个把作品中透露出来的"客体世界"重新还原为"活的存在"的过程。作为读者的我们，常常会在作者惨淡经营的世界里发现我们自己的影子。如果说杰出的文学创作是作者通过非同一般的个人视角的透视，对人生真谛做出独到的发现与昭示的话，那么，我们在对文学作品的解读过程中，也就不可避免地要触及深层自我及其存在的意义问题。如果说陀思妥耶夫斯基的创作是一种"灵魂拷问"的话，那么我们的阅读活动，又何尝不是一次对灵魂的追寻或安顿呢？！在墨西哥的印第安人之中，长期流传着这样一个故事。故事说，一群印第安人赶着羊群朝落日方向走去，他们行走的速度很快，但是快速行走一段距离就会停下来。停下来的他们在夕阳映红的天空下跳舞，他们快乐地跳着。过路的人问："你们还在等什么？再不赶路，日落之前就到不了目的地了。"印第安人回答说："我们慢下来，是在等待我们的灵魂赶上来！"当迷失了自我的人们四顾茫然的时候，在文学的天地里慢慢地行走，或许真能找到回家的路。

文学是一种生活态度。不知道大家有没有对写过的作文主题进行过归纳，如果留心的同学会发现，高考语文和时事越来越挂钩。互联网利弊、国际关系以及青年人在时代浪潮中的作为，这些都是易考的话题。那么试想平时你从不关注时事，写文章时的论据是不是非常单一，基本都以古代事例为主？而如果写更偏向于关注新闻、关注国际大事的文章，老师会认为你是一个格局很大的学生，你的文章最有可能获得高分。当关注时事后，我们还可以对可能出的题目进行预测，准备相关的素材，有备无患。

语文其实就在我们身边，大家可以通过任何方式去学习语文。在各种社交软件搜到的公众号爆款文章、社交媒体的金句、《人民日报》的报道，甚至电视节目的主持词，本质都是一种文学创作。如果你有一颗学习语文的心，这些都可以成为学习的素材。

同时，学习语文不只是学习一门学科，还有助于我们和自己和解。戴尔·卡耐基说："我们且不要这么忙碌，生活得这么疾速，竟使得自己无法倾听草地的乐音或森林壮丽的交响曲。"我想，读点文学，可以有助于我们找回已经丢失或正在丢失的激情、温情和诗情。我们在生活中遭遇到压力或艰辛是难免的，但如果拥有这份生活的激情，我们就有了挑战压力和种种艰辛的勇气，我们的生命会在一次又一次的抗争与搏击中走向辉煌和灿烂；我们也常常遭遇到人生的苦痛，经受种种的打击，需要心灵的抚慰，因为有了温情并且感受到了这份温情，我们受伤的心才会趋于宁帖、安逸，从而让我们对生活有一份发自心底的眷恋；忧郁或苦涩，同样地难以尽免，然而，浸融着诗情的忧郁，往往会净化人的灵魂，而诗意的悲怆，更可以使人趋于崇高。

学会正视自己

我很喜欢余秀华的一句诗："一个能够升起月亮的身体，必然驮住了无数次日落。"人不是突然间变优秀的。那些一两个月内成绩突飞猛进的人，也并不是在那一两个月就实现逆袭的。他们必然在你看不见的地方勤学苦练已久，最终厚积薄发。同时，长期主义者知道学习是对自己最好的投资，他们懂得延迟满足。刷视频、看小说可以在短时间内分泌多巴胺，但这样的快乐退去，带来的是更大的空虚。学会做一个长期主义者，是我们高中三年需要探寻的命题。

很多人在高中都会在比较中失去自我，陷入无意义的自我内耗中。也有很多人会自我放弃，觉得其他比自己厉害的人都有天赋，努力无法改变结果。实则不然。产生这样的想法是因为把自己一段时间的努力只放在了短时间内进行比较。你看见的学霸可能在背后学习了很久，整理了很多错题本。你羡慕的天才可能也只是比你在每个问题后多问了一个"为什么"。永远要做一个长期主义者，学会客观地看待自己和他人。我在高三的时候时常陷入这种焦虑的情绪中，觉得自己一次考试考不好可能就是永远考不好了。于是无意义地熬夜、刷题，实际并没有找到自己学习的方法，也是在做无用功。我们首先要学会爱自己，爱自己的前提是了解自己，找到适合自己的学习方法，然后再学会坚持。

"把平常当高考，才能把高考当平时。"此言的真实性，是我在高考时才深切感受到的。高考前两个星期左右，同学们大都能够进入"心流"模式，潜心学习，但我总想做点什么。经历过5月份二模的"我从来没有考那么差过"的感慨与折磨，我的心境已如同棱石被磨平了棱角，已经是平静坦然了。此时我深知要想高考超常发挥，要有超好的心态、扎实的基本功。于是我就针对改善心态下手，在之后每一次模拟、周测，甚至做一两道题时，我都怀有敬畏之心地告诉自己："这是高考，我现在在高考考场上。"重复至自己真的有这种感觉。这需要很强的信念感。一次一次演练，没人看到、知道，但我明白又多了胜算的筹码。果然，高考如期而至，我怀着"这算什么，考差又怎样，考好了大家都开心"的心态，以极其平静、坦然的心态考完考试。但我也是普通人，高考期间也有崩溃的时候。第一天考完后，因不想受别人状态影响，我没回学校。回到家后，我不自觉地担心是否粗心算错、思路是否正确（建议同学们考完一定要坚信自己做的全对，保持良好心态）。于是我通过刷视频缓解焦虑，渐渐地，我好像忘了明天还要高考。一个小时后，我拍案而起，惊呼："我明天还要高考。"发泄后的我很快进入其他学科的复习状态中，保持住了平稳心态，终得到历史、政治都满分的好成绩。这也是我发挥得最好的一次。

正视自己的另一个重点是，要正视自己的情绪。焦虑是高中生经常出现的一种情绪，尤其是面对巨大的学习压力、朋友之间的关系、学校同龄人的竞争压力、青春期和父母的相处等。我完全理解高中时期的焦虑和压力，因为我在那个时候也经历过类似的挑战。了解自己的情绪是非常重要的第一步。我记得高中时期，学业压力常常让我感到焦虑。我开始每天都用一段时间来反思我的情绪，写下当时的感受和原因。这有助于我更好地理解自己，并找到缓解焦虑的方法。记住，不要害怕与朋友、家人或老师分享你的情感。当时有一位很亲近的朋友，我们经常互相倾诉，这让我感到很宽慰。直到现在，我们虽然不在同一个学校，但依旧保持着很好的关系。有时候，与他人分享情感可以帮助我们看到问题的不同角度，找到解决方案。

同时，正如上面所说，高中生活中有很多压力和焦虑。但反过来想，我们如今焦虑的原因是多种简单的因素混合而成的，并不是难以解决的、非常深奥的问题，如学业成绩、社交关系等。我发现，将这些目标具体化并分解为小步骤，可以更轻松地管理焦虑。每完成一个小目标，都会给予我一种成就感。

在学会正视自己的同时，也要学会如何放松自己，保持自己的心态平和也是很重要的。了解自己的兴趣爱好，找到可以让你放松的方式。对我来说，阅读、锻炼和听音乐是减轻焦虑的有效方式。每当我感到焦虑时，我会去做这些事情，让自己冷静下来。很长时间，我都会戴着耳机听一些音乐再来写作业，这让我能够平静下来，集中注意力。

记住，焦虑是正常的情感，每个人都会经历。关键在于如何处理它，以免它成为负面影响。通过认识自己、建立支持体系、制定清晰的目标和采取积极的应对策略，你可以更好地管理焦虑，度过高中时光。不要忘记，你不是孤独的，有许多人愿意支持你，包括你的家人、朋友和老师。

多关注自身，多爱自己，是我们在高中学习、生活，甚至在整个人生中最重要的原则，也是我们对待焦虑的最大法宝。不知道大家是否了解吸引力法则。我高中虽然不知道这个东西，但一直是这么做的。高一、高二时，我的理科成绩不太好，但我坚信自己可以很厉害，经常在想做题时有如鱼得水的感觉，最终也获得了满意的结果。所以大家不要给自己设限，要做自己最忠实的粉丝，觉得自己就是那个可以逆袭的天选之子，可以成为任何想成为的样子。

最后的最后，我想送给大家一句话：平和地接纳，不屈地奋斗，坚定地前行，如一泓清泉，流水般有力却依旧平和，长成自己的力量。

敬畏世界　才能打开无限世界

史怀哲曾说过："只有我们拥有对于生命的敬畏之心时，世界才会在我们面前呈现出它的无限生机。"同理，对教育心怀敬畏，美好的教育才会呈现在你的面前；对世界心怀敬畏，无限精彩的世界才会向你敞开大门。

这是小艾学习、成长之路上最大的感悟。

身为受教育者，中学生可塑性强，不确定性也多。通常情形下，多数学子都能遵从学校教育秩序，积极谋划未来。但有少部分学子进入高中后不适应，在挫折打击之下逐渐会变得畏首畏尾，从而畏惧高中生活；还有少部分学子开始变得言行莽撞，胆大妄为，不服管教，对老师家长的话全当耳旁风，自由散漫，目无章法……

尽管这是少数，但也被有心人小艾敏锐地捕捉到了，她以旁观者的身份，感受到无敬畏之心产生的可怕教育后果，从一个侧面折射出优秀学子的品质。或许，小艾得益于良好的家教和家风，总之她是常怀敬畏之心，深谙"敬人者，人恒敬之；畏人者，人亦畏之"的道理。

知之为知之，不知为不知，是知也。敬畏知识，就是在知识面前不要不懂装懂；敬畏自己，就是要拒绝虚假努力的自我安慰、自我感动，真诚地面对自己，面对对手。虚假努力其实是一种不负责任的表现，是得过且过、自欺欺人，本质是偷懒，是怕吃苦、不求上进的表现。

无论是父母还是老师，没有不希望孩子优秀的。于是，对孩子的严厉往往是爱的一种表现。懂得了这一点，敬畏师长也就成为理所当然的事。

敬畏老师，就是敬畏老师的威严，理解当老师的良苦用心；敬畏父母，就是悉听他们的管教，至少不与他们顶嘴。

《人民日报》曾刊登过《致孩子：希望你能遇见一位手持戒尺、眼中有光的老师》一文，一位心怀敬畏的母亲，希望自家孩子当一个心怀敬畏、不丢信仰的学生。她殷殷告诫孩子：那个管你最严的老师，才是真的爱你。只有负责的老师才会苦口婆心地管教你。因此，心怀敬畏之心，是最基本的素养。

胡适曾受母校邀请回校演讲，登上讲台后的胡适没有立刻演讲，而是径直走到校长面前，毕恭毕敬地行了一个屈膝礼，感谢老师培育之恩。原来校长就是当年教他的老师。

有一位书法老师，上课以严厉著称，只要是他上课，就没有孩子敢偷懒。因为这位老师上课时，发现哪个学生字写得马虎潦草，会用手中的戒尺在该同学手心轻轻打几板子。写不好汉字，将来一事无成。多年后，班上一位挨板子最多的男生感慨地说，若不是老师当年管得严，估计自己早毁了。

对学生而言，敬畏是真诚对待教育的态度。

有敬畏之心的孩子，才具有感恩之心、责任之心、进取之心，才能健康成长。正如小艾所说："我认为最重要的心态就是敬畏之心。没有敬畏之心，做事随意、粗心大意、得过且过，终会崩盘；始终怀有敬畏之心，良心可安、诸事皆可为，终能提高个人幸福感。"怀有敬畏之心，对课堂上老师的新解法、新思想才能入脑、入心。怀有敬畏之心，会让我们对得到的东西感到感恩，从而提升自己的获得感、幸福感，自身的内驱力也会充满力量，表现出来便是较强的执行力。

对优秀的学习者来说，敬畏是虚心向学、打开无限世界的窗口。

就像君子对圣贤常怀敬畏之心一样，即使是圣贤本人，也常怀敬畏之心。康德说自己最敬畏两样东西：头顶的星空和心中的道德律令。孔子也有三畏：畏天命、畏大人、畏圣人言。道德律令也好，圣人言也罢，都是敬畏亘古不变的真理，是人类千百年智慧与经验的结晶。诚如"教不严，师之惰""玉不琢，不成器""子不学，父之过"等教育箴言。

好的教育，就是引导学生认识并对这些真理心怀敬意，内心遵从它们的指引，打通通往人生幸福的通道。好的成长，就是保持着对这个世界的敬畏，继而不断打开新的无限世界的人生旅程。

凤凰涅槃　绽放华彩

小　洛

作者简介

小洛，北京大学 2021 级物理学院天文方向本科生，获得北京大学"筑梦计划"加分。高中时，获得全国中学生语文能力竞赛二等奖，全国中学生英语能力竞赛（NEPCS）三等奖，全国信息学奥林匹克联赛二等奖。进入大学后，多次参加北京大学暑期招生活动；参加未来之星公益大赛，小组项目进入复赛；参加歌曲创作大赛，获得三等奖；担任创新学社教育与公益部门骨干。

核心提示

初入高中，她潜心学习，名列前茅。因为希望另辟蹊径，她选择了信息学竞赛。辗转准备，却马失前蹄。回到课堂，面对缺席一年的文化课，她重新规划时间，从 100 多名进步到前 20 名。进入高三，她更加努力，命运却和她开了个玩笑。复读时期，她心如止水，日复一日，终于如愿考入北京大学。

悟已往之不谏，知来者之可追。过去的自己是过去的自己，现在的自己是现在的自己，明天的自己是明天的自己，正是现在的自己决定了明天的自己将会怎样。所以，请把未来的自己牢牢把握在自己手中。

——题记

明确意义　增强动力

回顾高中时期的求学经历，可总结为时时碰壁又时时遇见希望。经历了很多挫折，有过很多迷茫的时候，但还好把努力坚持到了最后一刻，获得了一个还不错的结果。

记得才升入初中的时候，我的成绩在班级里属于中等，在年级也是中等水平。那时的我，不清楚自己学习到底是为了什么。为什么我们要起早贪黑地学习课本上的知识？校外的新鲜事物深深地吸引着我，让我对这个世界充满幻想。相比起来，学习似乎显得有些枯燥乏味。但当日后我意识到学习对我而言是如此重要的一件事后，也就认真学习起来，一步步提高着自己的成绩，最终如愿以偿考上了我心目中的理想大学——北京大学。因此在这里我想浅谈一些我对学习的理解。希望大家能从中获益，有所收获。

首先我们需要明白为什么要学习，也就是我们学习的目的是什么。只有弄清楚了这一点，目标意识更明确，我们才会具有学习的内在动力，义无反顾地投入学习中去，减轻心理上的疲惫感。

对于已经很热爱学习的人，或者有明确学习动力与目标的人来说，学习本身就是一件有意义的事。对普通学子来说，受时代或者其他因素的影响，学习更多是为了自己。但是当最后我们实现了自我价值与社会意义时，我们同样也为这个国家做出了贡献。那我们不妨把学习看成一种工具。这种工具的作用是提升自己的道德修养，磨炼自己的意志品质，丰富自己的知识宝库，从而帮助我们实现理想。学习就是在积累原始资本，这个过程或许痛苦，但当我们积累了足够多的资本，再次面临选择时，我们可以毫不犹豫地走上自己想走的路，做自己喜欢的事。拥有了这个资本，就相当于拥有了主动选择权，而不是被选择。更现实一点，它决定了到时候是你选择喜欢的大学、喜欢的专业，或者是喜欢的公司、喜欢的职业等，而不是等待命运的判决，等待着社会对你进行选择。学习是实现人生意义的工具，好好地利用这个工具，我们会在未来更漫长的人生中，活成我们所喜欢的样子。

如果已经明白了学习的迫切性和重要性，那么下一个要解决的问题，就是如何学习，如何学好，如何实现我们的学习目标。这个问题其实有两个层次的解答，第一种意义的学好，是对书中的知识通透理解，运用批判性思维提出自己的看法，追求真理。第二种学好则是在试卷上获得一个满意的分数。第一种学好其实也是大学生正在追求的一件事。但世界的本质实在过于深奥复杂，在建立起完整的理论体系、提出值得推敲的想法之前，我们最好还是一步一个脚印，扎实基础之后，再更上一层楼。因而这篇文章中，我的中心会落到第二个学好，并且从心态出发，阐述我们在学习中应该拥有怎样的心态。

首先，是面对困境的心态。王尔德先生曾说："我们都在深渊里，但总有人仰望星空。"学习不是很轻松的事，我们都会遇见各种各样的困难，但如何对待困难，决定了困难是成为我们的垫脚石还是拦路虎。

我们常常把困难看得太严重，或者忘记了困难同时也意味着机遇。当我们某一次试卷上的题丢分时，不妨把它当作一件好事。它清楚地反映我们的知识缺陷，在正式的大考来临之前，如果弥补了这个缺陷，就不会在这个地方再次丢分。当我们考虑解决难题的方法的时候，困难就已经变成了一种磨砺。"天将降大任于是人也，必先苦其心志，劳其筋骨，饿其体肤，空乏其身，行拂乱其所为，所以动心忍性，曾益其所不能。"我们可以从困难中吸取重要的经验教训，并使自己更坚强、更有能力，下次再面临类似困难时，便会轻松解决。

其次，我们往往囿于困难所带来的结果，没有思考困难产生的原因是什么，如何从根本上解决问题。很多同学考完试后，对卷子进行改错，发现其实大部分错题自己也能做对，但考试的时候因为马虎而丢了分。事实上马虎不是根本原因，根本原因是考试时心态或精神不好而导致注意力不集中，或者是基础知识掌握不牢固不能熟练地运用，又或者是应试技巧不够完备，在考试中不会勾画关键词而导致看漏了信息等。深刻地挖掘这些现象背后的原因，从根本上解决问题，会让我们在各个学科的学习中都受益匪浅。

快人一步　初露锋芒

记得初三结束的时候，我开始对高中生活有了很多美好蓝图的畅想，渴望在高中能够崭露头角。因此在那个本应无忧无虑的暑假，我提前自学了高中的一部分课程，并初步意识到和初中的简单知识相比，高中的知识将会更具有难度和挑战性，需要我们付出更多的时间和精力。

高一上半学期凭着自学的优势和初入高中的一腔热血与激情，我在各科成绩上都有着比较出彩的表现。高一上半学期里，我的脑海里每天只有学习，早上我会比所有人提前起床半个小时，伴着渐露的微光第一个到达食堂吃早饭。我会在上课困倦的时候带着书本走向教室后面，站着听讲来缓解困意。我会利用每天的下课时间与其他零碎时间完成每天的作业，把一大段的晚自习时间用于刷题或者复习巩固旧知识；会在晚上十一点最后一个从教室离开，一个人走过漆黑的校园；会在寝室的被窝里打着灯把今天还没完成的学习任务做完。那段时间感觉有用不完的精力，每天都很充实、忙碌，收获满满。

回头再想，当时的我为什么能做到这么有精力全身心投入学习？答案就在于两个字——目标。在当时，我拥有明确的目标，这使我充满动力和热情。我渴望在高中能够崭露头角，取得优异的成绩，为未来的大学和职业道路奠定基础。这个目标像一盏明灯，在我奋斗的道路上指引着前进的方向。

高一的我有自己的优势。我拥有良好的自学能力和学习效率，能够在有限时间内掌握大量知识。这让我能够提前预习和扩展学习内容，为课堂上的深入理解打下基础。此外，我乐于面对挑战，勇于接受困难，对于学习中的问题，会积极主动地寻找解决方法。

当然，那段时间我也有不足之处。有时候，过于追求完美，对自己的要求过高，容易陷入压力和焦虑之中。在追求学业成功的过程中，我曾经忽略了其他方面的兴趣和需求，导致自己的生活缺乏平衡。此外，有时候我也会缺乏耐心和坚持，遇到难题时容易感到沮丧。这都是很正常的，要相信坚持就是胜利。

竞赛失利　重回课堂

到了高一下学期，我迎来了高中生涯的重要转折点——信息竞赛。在朋友的劝说和自我思量之后，我毅然决然地放弃文化课开始学习信息竞赛。当时选择信息竞赛的原因有两个。首先，我觉得信息竞赛很有趣，竞赛的难度与挑战吸引着我去解开一个又一个难题。其次，我当时是想通过走竞赛的路去往一个好学校，而不是去和几十万的考生"卷"文化成绩。由于我们学校资源不够，得前往其他学校参加学习竞赛的培训。在那半学期里，我不停地往返于绵阳与成都的各个学校之间。这期间我发现，我和那些有竞赛资源的学校的同学相比，基础知识和竞赛能力差了太多，每次都只能在培训班中垫底。尽管我会努力一点一点地尝试去读懂难题中代码里的玄妙，但时间不等人，我的备考时间只有一年。

我开始犹豫与后悔竞赛的选择是否正确。可既然是自己选择的路，哪有中途退缩的道理？我一定要撑到最后看一看结果。在比赛前的一周里，我们学校组织了几场小测，我考得都还不错，应该能拿省一。现实是残酷的。当那天竞赛考完之后，我就知道自己输了，输得很彻底。竞赛之路到这里就彻底结束了。对于已经缺席文化课一年的我，甚至来不及悲伤，只能马不停蹄地转头投身于文化课的学习。

当时的我是确确实实地缺了一整年的文化课。其他地方的竞赛生很多都是在初中先学习了高中文化课，再去学竞赛，因此成绩不会在文化课上存在很大短板。而对我来说，当时摆在我面前的是一道巨大的鸿沟。一年未学习文化课的结果体现在我从全年级前10名跌落至年级100多名。加上竞赛带来的打击，那段时间对我来说就像是无底深渊，每天似乎都看不到希望。我忙碌着补习大家已经学过的知识，忙碌着弄清楚老师的新课在讲什么东西。但这些努力似乎杯水车薪。

花开不败　点亮希望

直到有一天，偶然间读到了一篇文章《花开不败》——一位考上复旦大学的学生写的高中回望。读完文章的瞬间，我有一种灵魂被击中的感觉，我仍然有时间，我仍然有希望，只要我愿意付出，最后的结果不见得会差。那天晚上我认真地回顾了一年的竞赛生涯，总结了我从竞赛中学到了什么，并对未来的学习生活作了美好的展望。我相信一句话，你生命中遇到的一切，发生的一切都是有意义的，他们会在你的心中埋下一颗种子，终会在某一天发芽。

之后的日子里，我制订了一些具体的行动计划。首先，我在时间管理方面进行了调整。我意识到不能把所有精力都放在学习上，所以给自己设定了适当的休息时间，保证生活的平衡。我开始培养其他兴趣爱好——阅读，让自己在学习之外也能有享受生活的时刻。其次，我在学习中注重合作和交流。我参加了学校的学习小组和讨论会，与同学们共同学习和解决问题。我发现合作学习可以互相启发，拓宽思路，而且也能够培养沟通和合作能力。

另外，我主动寻求帮助和反馈。我会向老师请教学习中的问题，寻求他们的指导和建议。我也会经常与同学交流学习心得，互相学习和共同进步。我相信通过不断的反思和调整，能够不断提升自己的学习能力和解决问题的能力。虽然还有很多需要努力的地方，但我相信只要坚持不懈，一定能够克服自己的不足，实现更大的进步。我继续保持自学能力和学习效率，并注重平衡和发展自己的兴趣爱好。我也继续与同学合作学习，相互帮助和支持。

到高三上学期的时候，我的成绩大概到了年级前 20 名的水平。可这离我的期望还有一些距离。因此，我投入了更多的精力和时间来认真学习。我深知高三是我人生中最重要的一年，是能够决定我未来大学和未来职业的关键时期。首先，调整我的学习计划。我制订了一份详细的每日学习计划，将各科目的复习和作业安排得井井有条。我给自己设定了合理的学习目标，每天都有明确的任务和进度。我认识到高效的学习不能靠拖延和临时抱佛脚，而是需要规划好学习时间，合理分配各科目的学习时长。

其次，注重课堂学习的效果。我在课堂上积极参与讨论和提问，与老师和同学们互动，扩展自己的知识面。我认真听讲，做好笔记，将重点和难点记录下来，方便之后的复习。我还会主动与老师沟通交流，寻求更多的解惑和指导。通过充分利用课堂学习时间，我能够更好地理解和掌握知识。

最后，注重自主学习和查漏补缺。我会利用课余时间，自主查找资料和学习资源，对知识点进行深入学习和思考；会积极参加各种补习班和培训课程，通过额外的学习来加强自己的薄弱科目；还会与学霸同学交流学习经验，寻求他们的意见和建议，进一步提高自己的学习水平。

此外，注重合理安排休息时间。我深知长时间的连续学习对身体和心理健康都会产生负面影响。因此，我会适时地安排休息时间，放松身心，保持良好的学习状态。我会进行适量的运动，参加一些兴趣爱好的活动，以保持自己的身心健康。

波澜不惊　心之所往

就这样，我的三年高中生活一闪而过，来到了高考——人生的重大转折点。我怀着信心迈入了考场，期待着金榜题名。然而，上帝又开了一个玩笑，我考砸了。

若细细探究高考考砸的原因，我觉得是多方面的。其中最主要的是心态上的问题。在临近高考的时候，我的心态反而纷乱起来，周围的一点点扰动都会让我惊慌。考试最后十五分钟铃声提醒的时候，我甚至得费劲全身的力气去牢牢握住手中的笔，怕一紧张便会把笔扔出去。战战兢兢，小心翼翼，生怕任何一个地方出现差池。在这样恶劣的心态下，平时所学的技巧与知识都不能很好地发挥出来。

考完试后的几天，其实我已经准备接受命运，迈入远方了。尽管我的内心对这个结果不服与失望，但我缺乏再来一次的勇气，害怕就算再来一次，结果也不一定会更好。但老师们都劝说我再来一年，他们都对我充满希望，看好我，觉得这一次发挥太失常了。我的内心很挣扎，我也开始纠结是否复读。最终，我选择了再来一次，这一次，无论结局怎样，我都会坦然接受，大胆地迈向未来。在这样的选择下，我开始了我的复读生活。

复读那一年的生活和我高三生活过得几乎无差别，不过我更加集中精力，更加懂得反思，也更加稳重了。我们重新组建的复读班里，全是各个地方的实力很强的高考落榜生。班级氛围很好，学校老师也非常重视我们，投入了很多资源。复读时，贯穿高中生涯的理想与目标，被我时时在心中擦拭。尽管每天都很辛苦，但我感觉离目标越来越近了，每天都很充实，都很有收获。生活甚至过得比高三生活更快乐一些。不过复读生活很短暂，一年过得真的很快，我又走上了考场，再一次迎接命运的挑战。不过这一次，我的心态却截然不同，波澜不惊，泰然处之。心之所往，人生处处皆是路。

而这一次，我也确实没有令对我寄予厚望的人失望，从考场出来的那一刻，所有的一切都在微风中飘散。我嗅到了空气中的清香，看见了湛蓝的天空。我想我大抵是等到了理想向我靠近。

出成绩那天，喜讯从学校传来，我是市里的最高分，我等到了"春风得意马蹄疾，一日看尽长安花"。

2021年9月，我怀揣着崭新的希望走入了北京大学。

最后，将激励我走过高中岁月的一段话送给正在读此文的你：

把所有的夜归还给星河，把所有的春光归还给疏疏篱落，把所有的慵慵沉迷与不前归还给过去的我。明日之我，胸中有丘壑，立马振山河！

做一个善于登攀的"明"人

如果向好的人生如同高山，那么我们需要以明亮的心态应对，有明确的目标引领，有明智的方法登攀。小洛在成长的青春岁月里，无疑是向明处想，做明白事，哪怕登攀的路并不平坦。

当每一个学子都把学习看成实现人生梦想的工具，学习就不再是一件苦差事。小洛想得明白：如果学习这关过不了，就无法抵达理想的彼岸；反之，如果想抵达理想中的目的地，就必须提升学习力，过好学业关。这一点，小洛在初中时期就已经有了认知，因为那时候校外的新鲜事物深深地吸引着她，让她对这个世界充满幻想。如此对未来、对人生美好的憧憬，需要学生时代更好的学习力做支撑，也需要更高的思维来审视和应对当前的学习，因此，那时候的小洛不会死读书，而是在学习各门功课的同时，不断见识这个世界、思考充满无限可能的人生，这也奠定了她此后发展的精神基础。正如小洛所说：实现个人价值就是为国家做贡献。多读书看报、关注社会时事，风声雨声读书声声声入耳，家事国事天下事事事关心。课外阅读和体验，帮你打开心扉，让你拥抱世界，畅想未来。

如果说，小洛最初对世界是充满幻想的冲动，让她确定学习是实现人生价值的工具，那么，伴随着成长和学业提升，小洛的阶段目标、未来发展方向变得更加清晰、具体，于是，学习的动力自然增强，学习的毅力坚定，学习的能力不断提升，一步一个脚印，扎实基础之后，再更上一层楼。

如此"心中有理想，行动有目标"，着眼未来的目标意识和应对当下的工具思维，让她在学业竞争中游刃有余，在走向美好未来中步步为营。这为青少年学子提供了典型意义的成长经验。

或许有人说，学习本是个苦差事，哪有什么美好可言？但是当学习有目标、成长有追求、行动有方法的时候，苦事也能乐行。

古希腊哲学有一个犬儒学派，赞赏苦行僧精神。安提斯泰尼是犬儒学派的创始人，但他的名声很快就被他的弟子狄奥根尼盖过了，原因是这位弟子比起他的老师更加乐意接受苦行。起先，安提斯泰尼并不看好狄奥根尼，责令他回家去，可是狄奥根尼丝毫不为所动。后来老师用杖子打他，他也一动不动。因为，狄奥根尼知道老师可以教他智慧，而他自己也渴望智慧。有一典故可以证明狄奥根尼是多么地有智慧。一天，亚历山大大帝路过拜访他，问他想要什么恩赐。他回答说："只要你别挡住我的阳光。"据说亚历山大之后对随从说："如果我不是亚历山大，我愿意做狄奥根尼。"

如此看来，狄奥根尼的"苦行"或许只是别人认为的"苦"，就像那些认真对待学业、努力奋斗、不断登攀高峰的学子，往往是目标远大、信念坚定的明白人。

成长路上，做个善于登攀的"明"人，也是幸福的事。

激情燃烧的不只是岁月

王炜程

作者简介

王炜程，北京大学马克思主义学院本科在读，来自祖国边陲，担任学院学生会文艺部部长和班级班长，同时，创办学院足球队，并担任队长。参与组织学院中秋文艺茶话会等多项活动，组织策划多次团建活动。参加为期一年的延边籍大学生返乡宣讲活动，2023年1月、2月两次参加北大招办"领航新燕"返乡宣讲活动。

核心提示

进入高中前的暑假，他就感受到了高中的压力。进入高一后，繁重的课业、巨大的落差，让他无法喘息。以几分之差退出实验班后，他选择了文科。进入高三，疫情风险再起，学习、生活节奏被打乱，网课带来了无数"独家"回忆。高考如期而至，虽然并不是最好，但没有遗憾。高考之于人生，高中之于学子，独特的魅力不在成绩，而在于奋斗，在于梦想。

何其有幸，躬逢盛世，不负年少。

星海横流，岁月成碑，三年倏忽而过，关于高中的记忆本应如数家珍、历历在目，而如今谈起在校学习、生活经历，竟一时语塞，大概是回忆丰富，一时难以取舍。静而思之，谨作此文，聊以追忆我难以忘怀的高中岁月，并与各位共勉。

犹记得 2019 年的 7 月，中考凭借一个当时看来并不理想的分数，勉强压过分数线考入理科实验班。7 月 13 日前后，我参加了延边二中实验班组织的暑期培训讲座，现在看应该算是我与延二的初次结缘，不过在当时的我看来，这次结缘可能并不是很友好，还记得那天的讲座上第一次与实验班的各位老师见面，老师们的讲述深刻警醒着我们在高中三年要时刻保持紧张，这不得不说给了当时的我很大的压力，但在另一方面也促使我对高中生活有了较为清晰的认识。尽管日后并未选择理科作为长期的学习与高考方向，但在当时，这次简单的集体活动带给我的意识与态度层面的调整，以及对于高中生活的心理准备，是极其必要和珍贵的。

启程：困惑与选择

高一上学期开始，在文理分科之前，九个学科的繁重课业任务属实压得我们无法喘息，虽然现在看来我们算是延二最后一届高一每周双休的学生，但是当时的课业难度和学习任务给了每一个各自初中的佼佼者当头一棒，而我也属于这些众多的失意者之一：多次阶段性考试成绩的不如意、面对文理科目之间的艰难选择、在强手如云的实验班难以清晰自我定位，无一不使我迷惘，面对充满未知的未来不知何去何从。值得一提的是，当时班级的各位老师给予了我细致入微的帮助和关心，无论是在课程方面的难题疑惑，还是生活中的心理困境，他们都能在第一时间出现并与我亲切沟通。令我印象尤为深刻的是，当时的数学周国华老师，在临近期末的一次课上察觉出我的状态低迷、思绪迷离，他并未在课上当众指出我的问题，而是在课后与我进行长时间的交谈，他长期关注我的考试成绩，既和我深入探讨了课业方面面临的难题，当得知我在生活中有心事之时，也对我进行了耐心的疏导，有趣的是他还和我分享了一些应对犯困的小技巧，这些都是我在成绩方面并不成功的高一生活中所留下的回味至今的美好回忆。

老师的帮助固然有效，但真正的改变必须源于自己。当时，无论是课业负担，还是学科选择，抑或是生活上琐事的影响，都使我持续了一开始的迷茫状态，并且在短期内没能得到缓解。我曾经反复思考自身的问题出在何处，思考着是否儿时个人生活中除了学习别无他物的状态一去不返，还是在学习本身抑或是学习内部就存在着干扰因素，在反复的思考与挣扎中，我逐渐陷入了一种怪圈，一种反复怀疑自己与幻想坚持原有状态可以进步的精神胜利的恶性循环，尽管曾经在一两次阶段性测试中实现学习成绩的短暂回升，但遗憾的是，我在高一上学期的期末考试中发挥失常，以个位数的分差告别了实验班的学习生活。我永远无法忘记，那是 2020 年 1 月 10 日的晚上，东北的雪下得很大，操场上覆盖很厚一层，发布期末考试成绩之时，我已经猜到结果，和初中成绩相比反差巨大，我一时难以接受，一个人行走在寒冬的操场上，这也是我高中三年难以忘怀的苦涩滋味。

当时，我以为这是永远迈不过去的一道坎，不过现在看来，其实远不值一提。

经历那次考试失利的伤痛后不久，影响无数人至今的新冠疫情暴发，经历推迟开学，钉钉时代到来，这次重大生命财产安全危机不仅考验着社会的运转能力，也考验着每个学生的内心。但是不可否认，居家学习的那段时光给了我更多独自思考的空间，让我对众多选择进行了慎重考虑，其中最为重要的当数文理分科，经过自己的无数次思想斗争，以及与父母老师的深入交流，我最终坚定了选择文科的道路。关于选择，我想这是每一位高中生都需要面临的一个说大不大说小也不小的人生节点，无论是曾经的理工类与文史类传统分科，抑或是如今"3+1+2"或"3+3"等新高考分科模式，都或多或少会影响我们日后的学业规划，甚至是人生发展，可能是我个人的性格所致，涉及人生发展与未来规划的多次关键选择时，我似乎总是格外果断地做出了选择。

一直以来，许多人曾经问过我学文是否后悔，也问过我当初如果学理会是什么结果。关于这类问题，我始终认为历史无法假设，人生更没有如果，当初如果选择另一条道路会是什么结果自然无法定论，我能做的只有把自己的选择坚持到底，一往无前。现在看来，或许，我的选择是正确的。

但当时又怎能如此确信呢？

沉淀：等待与希望

在文科的两年是一段疯狂的旅程，遇到班主任刚哥，遇到其他五位各有特色的科任老师，遇到八班这个有爱的集体。高二的学业压力远不及高三，但也驱赶着我们一刻不停地向前奔跑，而这一路走来，风光亦是无限。我们曾一起抱怨运动会因疫情防控的缘故而取消，也曾为会考、月考的背靠背日程望洋兴叹，"考北大"的呼号激励着每个同学约束自我，也是全班自习的共同玩笑，是的，当时在我眼中也只是玩笑而已。

陪伴我们两年的六位老师各有特点，但对待我们的日常学习生活，无一不负责认真。地理算是我的弱项，尽管刚哥在我们学年以及历届毕业生心中大多留下严厉端正的形象，但每当面对我的学科问题，他总是用幽默风趣的腔调和摸头抖腿等小动作的辅助来帮助我答疑解惑，至今记得在他的循循善诱之下夯实地理学科基础的宝贵经历，和无数次请教问题忍住不笑憋出内伤的瞬间；和刚哥幽默的风格不同，教历史的季老师则给我留下更多严厉但又慈祥负责的印象，在和季老师相处的时光中，最难忘的当数历史课上多次对我的点名提问，以及对我出现知识性错误后的详细指正，当然也不乏对我犯下低级失误后的严厉批评，不过也正是季老师一直以来的鞭策让我时刻认真、端正态度。

值得一提的是，我的高中一向以丰富的课外文体活动著称，而我对这些的体验几乎全部来自高二，球类运动会跟随班级的体育大佬队友"躺"了个篮球季军，在4月那个下着大雨的下午体验了足球场上飞奔忘我的感觉，社团招新艺术节上留下了在高中唯一一次公开演出的宝贵经历，尽管现在我仍为由于疫情取消的一次运动会和艺术节而遗憾，但学校的众多文体活动所呈现的人文情怀与厚重底蕴仍激荡在内心永不消散。

时至今日，站在即将二十岁、度过了一年半大学生活的人生节点，回望高二这一年，我不得不承认，只有学习甚至是只有应试的高中生活和大学生活都是不可取的，因为随着年龄渐长、阅历增加，周边出现了越来越多的在学习本身和学习之外诸多方面都颇有建树的"六边形战士"，我不敢认为自己忝列其中，但参与文体活动不仅丰富了我的身心生活，使我得到了放松，而且还为我在学业压力之下寻求个人发展提供了精神解压的途径。不同的高中对于课外生活的重视程度与重视方式是不同的，我的高中对于课外活动的重视程度，无论被冠以高还是低的评价，都是相对他人而言，我们自己的生活是无法完全受学校影响甚至支配和决定的，这也就使得压力的缓解与时间的管理终归是我们自己的事情，如何处理这一部分的时间或者精力，是我们每一个人需要面临的抉择，这也是我在如今本科二年级的节点面对未来众多可能出现的升学、就业等个人发展考虑时，需要思考的事情，我毫不怀疑地认为，高中尤其是高二时的心态，对于我的未来规划有着重要的启示与借鉴意义。

高二的时光似乎格外短暂，我们仍不愿接受，但步入高三的进程不可逆转。高三，仅仅一个特定的称谓，带来的莫大压力不言而喻，我开始为某一次午后训练的不理想成绩而捶胸顿足，开始在体育课的后半段溜进图书馆背英语单词，开始为每一次阶段性考试的结果深入思考，开始减少下午文体活动时间……事实上，进入高三以来态度的大转变在成绩上得到了印证，尽管更加疲惫，但每一次进步都让我品尝到满满的幸福滋味。2021年的努力得到了回报，我在这年年末获得了参加清华大学2022年冬令营活动的资格，并通过了相关考试，这是我一直以来所珍视的一次记忆。受疫情所限，2020年之后我一直没有离开过延吉市，而在2022年1月前往长春参加冬令营的经历，让我深刻认识到自己高中以来的封闭与不足，我曾自认为是一个视野较为开阔的人，但是这次经历让我真真切切地认识到了人外有人，天外有天，也使我更加坚定了考入顶尖名校的决心。

后来的经历是高中三年最为难忘的时光，经过春节十天的短暂寒假，我们第一次接触到午训形式的阶段性测试，在叫苦连天中也最终逐渐适应，2月末的州统考结束后召开了高考百日誓师大会，难得地见到平日里不苟言笑的老师们慷慨激昂，一个班接着一个班的呼号声照亮了那个冬天的末尾。

只可惜，2022年的春天对于这届考生，似乎来得格外之晚。

冲刺：挣扎与彷徨

2022年3月初的疫情形势不容乐观，那一周每天班里都有同学不得不回家进行居家隔离，最后在班级正常上课的同学只有半数左右，经过几天的坚持，在地方政策指导下，全校学生不得不回家线上学习，开启钉钉2.0时代。不同于高一网课的摸鱼划水，高考的日益临近让我时刻紧张到窒息，面对冰冷的电脑屏幕也只能一直强打精神，还记得每天在学校安排的三晚日程十点二十结束之后，我都和最好的兄弟自发开视频会议继续"四晚"的学习。老师非常担心我们的精神状态，每天在班级群里定期更新心灵鸡汤图文，当时或许因紧张的学习生活而匆匆掠过，现在回看过去，思绪万千，化作会心一笑。

一次意外，再次为我们的网课生活增添了几分跌宕，当时的我第一次企盼着返校复课，每一天都难以克服焦虑感与对高考不可名状的恐惧，不过网课也让平时不善言辞的我，有了更多向老师提问的勇气。时至今日，我依然记得政治老师唐波看到我的问题永远秒回，守凤老师解答问题不慎发送到班级群的尴尬时刻，铁龙不清楚线上会议操作私下向我求助的可怜模样，不时让我忍俊不禁。

4月初的我经历至亲离世，一向感性的我和父母那时却格外坚强，越来越近的高考，让我和家人更加紧密地站在一起，但没能见姥爷最后一面成了我的终生遗憾，可是悲痛之余，也只能继续向前。之后不久的线上考试遭遇滑铁卢，我至今仍记得2022年4月6日晚上，在学校南门对面的出租屋的床上一个人默默流泪，还拼命想把眼泪忍住的内心波动，甚至连哭泣的缘由都不得而知，所幸当时也收到很多朋友的劝慰和鼓励，让心情低落至谷底的我重振信心，也让我重新领悟了高中那段艰苦岁月中所洋溢着的温情。

等了好久，5月初终于迎来回校复课的日子，我们不能像以往一样中午晚上回家吃饭休息，这项规定也阴差阳错地使我在高三的最后时光获得了学校食堂初体验，每天饭点看着数以千百计的同学奔波穿梭于教学楼与食堂之间的身影，高考临近的恐惧在那一瞬间烟消云散。我们开始谈论高考之后的打算，被问到这个问题时，我通常笑而不语，因为确实对于高考之后的生活没有任何想法，不像同学们以此为动力支撑自己，我的动力似乎难以追本溯源。

在校的最后一个月，经历了紧锣密鼓的三次最终版模拟考试，开始自由复习，紧接着就是离校前的准备。我永远难忘最后一周每天下午下课广播循环播放的《记·念》，永远难忘6月4日全学年同学在教室合唱《孤勇者》，永远难忘离校前夕全班合唱的《起风了》，悠扬的韵律伴随坚定的目光，为我毕生回忆的高三画卷完美作结。

"这是我一生中最勇敢的瞬间。"高考如期举行，第一天的语文题型巨变，数学难度陡升，打乱了我的心态，让我不知第二天何去何从，但也要坚持完成考试。8日上午的文综考试之前，考场大门外，唐波老师看到我，一个深情的拥抱代表了一切，刹那间信心全回，昂首走向考场，回首间与刚哥的目光不期而遇，望之俨然，即之也温，三年恍惚如一瞬间，却又绵延出这么多温暖的回忆。相逢在高中的驿站，同行于缤纷年华，我的高中老师们以一览万物的情怀谱写我们青春的画卷，以朴素谦卑的品格教育我们勿忘本真，以无限的关怀和爱推动我们勇往直前，让我们努力，永不放弃。我想，克服了三年众多客观条件的磨难，2022年的高考没有输家，所有人都值得笑着迎接独属于自己的光明未来。

高考结束，期待已久的暑假终于到来，我的头半个月却都在担心高考成绩中度过，为自己思考了一系列最坏打算，仍难以平复紧张的心情。时间不会因为我的感受而放慢脚步，23日傍晚，高考成绩放榜，经过一下午激烈的思想斗争，我还是坚定地按下了查分按键，那张表格瞬间布满整个手机屏幕，甚至没给我任何反应的时间，一切都是那么地突然，没有想象中的欢呼或者黯然神伤，情绪高涨之后马上归于平静，这个结果比起我预想的最坏打算要好太多，我是至今都十分满意且没有遗憾的，612分不多不少，省排25名不高不低，却都是我勇敢热烈的十八岁最耀眼的记录。经过漫长的等待，7月10日得知北大录取的消息，或许是无心插柳，又或许是水到渠成，梦想照进现实之时，一切似乎都是命运的安排，三年前妈妈告诉我被延边二中实验班录取那天，正是 7 月 10 日。

那么，彼时彼刻，恰如此时此刻。

盛夏，如约而至。始于 2019 年的初秋，别于 2022 年的盛夏，叫我如何忘记同学们三两成群高唱延二校歌中被无数次改编的"我生命的终点"时的欢乐，如何忘记每一个夜晚行走在操场望向满楼灯光的震撼，如何忘记每个课间全班同学扑倒在书桌上短暂休息的动人画面，又如何忘记那堆积如山的试卷、国旗台下打排球的人群、五楼洗手间时断时续的自来水，还有每个冬天清扫不完的地面冰雪。还记得录取之后的一天，我去拜访高一时教过我英语的韩婧老师，促膝长谈甚欢，良久，老师问我，一直以来我们都对学校的要求抱有或多或少的成见，那么学校究竟有哪些行为让学生发自内心地反感？我思考众多，转身望向窗外，校园夏意浓浓，灿烂千阳，照进三年岁月无数难以忘怀的瞬间，我想我知道了答案，点头笑笑，告诉老师说，没有。

在延边二中历届辉煌的高考战绩中，我们算不上最出色的，甚至只能说是中等偏下。可是在高中期间亲身经历百年未有之大变局，见证党的百年华诞，目睹并参与国家的无数正确决策，迎来第一个百年奋斗目标的胜利实现，谁说这样又不伟大呢？让自己的高中时代与祖国与民族同频共振，这本身就已经是一种历史的厚重与责任的担当，而正是这份担当让我对梦想有了更深层次的理解和体悟。其实当谈及我的梦想时，我往往一时语塞，高中时囿于家乡半亩方塘间的浅知拙见，一段时期内抱有较为强烈的功利主义想法，对于梦想的定义也往往只局限于就业层面的目的导向思考，但梦想的定义远不止于此，我的人生是远非 750 分的试卷所能定义的，在走出家乡之后更加广阔的世界，每一个人的人生都有着无限的可能性。当年抱着强烈的就业趋向来到北大马院，入学后却发现北大能带给我的远不止找工作时的学历优势，更多的是非常棒的生活体验感，我在这里重新唤起了高中时曾经理想主义化热爱的社会科学研究，并且在今天仍然乐在其中，我不知道今后有没有勇气和能力去从事当下所坚守的兴趣，抑或是我的兴趣会像从高中来到大学的突破一样略有转变。曾经梦想着造福一方，大济苍生，现在也不免多了些为个人利益的考虑，但我想北大的理想主义色彩与家国情怀，是每一个曾经置身其中的学子都或多或少所能沾染的，我也正投入于这样的思考之中，我想最后给我答案的，会是梦想，更会是生活。

我一直将这样一句话奉为圭臬："含着眼泪，也要吃得下肉。"虽然略有粗俗，但诚哉斯言，高考抑或是生命中的各种挑战，不管我们愿不愿意面对与接受，它就在那里。我并不喜欢贩卖苦难，不过必须承认的是，生活当中失败是常有的，但如何面对失败却把人分成了不同的样子，有的人会被失败击垮，有的人会不断爬起来继续向前。生活可能并不像你想象的那么好，但也不会像你想象的那么糟，人的脆弱和坚强都超乎了自己的想象，有时候因为脆弱的一句话就泪流满面，有时候你发现自己咬着牙，已经走过了很长的路。尽管人生当中总是有我们力所不及的范围，但是如果在能力所及的范畴内尽到了全部的努力，那还有什么可遗憾的呢？请不要相信胜利像山坡上的蒲公英一样唾手可得，但是请相信世界上总有一些美好值得我们去全力以赴，哪怕粉身碎骨。所以，我至今仍深切怀念我在延边二中的三年学习生活，这是灵魂深处再也回不去的香格里拉。

阿根廷诗人博尔赫斯曾经说过："任何命运，无论多么复杂漫长，实际上只反映于一个瞬间，那就是人们彻底醒悟自己究竟是谁的那一刻。"我们每一个人在高中阶段都或多或少经历过低谷、彷徨、质疑和挣扎，我不清楚自己是从何时开始有了这样的领悟，但我知道那一定不是轻易开释的，因为我们的身边充满了逐梦路上的羁绊与竞争，冠军只有一个，但是所有人都有为自己的梦想去追逐去奋斗的机会，一年一度的高考就像年轮一样，一圈一圈地镌刻着历史的脚步，讲述着一代代莘莘学子的叱咤风云或者黯然神伤，也讲述着我们生命的推演过程。我们为什么一生都为高考热泪盈眶？因为它不仅展现了代代莘莘学子励志的奋斗故事，更寄托了我们每一个普通人平凡生活中的英雄梦想，而这才是高考之于我们真正的魅力，也是高中生活之于我们的独特魅力所在。

阅读参考

学习、生活 "双轮"驱动健康人生

只会学习的人生无幸福，没有生活的成长难健康。

那些能将中学生活过得有滋有味的"多面手"，能在有趣的学习与丰富的生活中走向成功的人，才可能成为真正的人生赢家。

1972年，联合国教科文组织曾发布一份报告《学会生存——教育世界的今天和明天》，如今重温依然有现实指导意义。当时，社会把个人的生活截然分成两半，前半生受教育，后半生工作，这样的区隔是毫无科学根据的。因此，报告指出：教育应该扩展到人的整个一生，生活与学习都是生存的基本技能；教育不再是阶段性的，不再是一劳永逸的，也不再是与生活完全脱节的。面向未来的学习，一定是"学会学习、学会生活、学会做事、学会生存""四会"一体的。

即使是狭义地理解学习，学习也是一种可持续的行为。能否做到可持续，则取决于生活能力。换句话说就是，会学习的人，一定是以会生活为前提、会做人为目的的。会学习的人不仅离名校越来越近，也不会离生活越来越远。王炜程所呈现的案例，给我们提供了一个活生生的样板：中学时期多姿多彩的校园生活，历历在目的师生交往之情，思如泉涌的校园往事……与数学老师的促膝长谈，与班主任刚哥一起度过疯狂之旅，五位各领风骚的科任老师，以及有爱的八班，这个让人魂牵梦绕的集体。他想说的太多，以至于难以割舍，一时又不知道该从何说起。难怪他自豪地说，高中一向以丰富的课外文体活动著称。运动会上的洒脱，艺术节上的出彩，学校的众多文体活动所呈现的人文情怀与厚重底蕴仍激荡在内心永不消散。

一句话，王炜程是一位会生活的高才生，是一位多面手、全能者。他中学生活的幸福指数一定比大多数青少年高。最根本的一条就是他懂得生活，也学会了生活，并成为学习的主人、驾驭自我的高手，充满了积极向上的正能量，"让自己的高中时代与祖国与民族同频共振"，这本身就已经是一种历史的厚重与责任的担当。

学会生活没有统一的模板，王炜程走过的路未必适合每一个人。但是，他的得失可资借鉴。他的经历，告诉我们一个道理：会生活的人，学业也一定差不到哪里去，让学习和生活"融洽相处"，两者便会相得益彰，共同精彩。而这阶段的时光所产生的后续力量，则让人始终保持一份乐观豁达、积极向上的劲头，对走好接下来漫长的人生路有着巨大助益。相反，学生时代不会生活的人，学业要想取得出色的成绩也会很难。

知识改变命运，高考决定人生！这句话只有放在这个意义上理解才更具时代价值——考大学、考取名校，就是争取更好的平台和机会为国家为民族做贡献。名校之所以"名"，出人才的同时更是出为国为民的大家。"国防七子"之所以备受人追捧，大国重器的总设计师之所以受人敬重，正是因为他们始终有一颗与祖国和民族同频共振的心。

这也是人们对清华、北大学子的期许。而要报效国家，除了有终身学习的习惯，还必须对生活抱有热情。

大山阻不断北大路

山　源

作者简介

　　山源，北京大学医学部本科在读。曾获北京大学招商证券奖学金、北京大学学习优秀奖，获得国家励志奖学金和北京大学学子阳光助学金等多项奖励，担任贵州省遵义市招生骨干。作为北京大学十佳社团 pku 创新学社会员部副部长，积极组织参与各类"创新创业、金融投资、前沿科技"活动。

核心提示

　　从小学起，他一直是大家口中的"别人家的孩子"，成绩上各种第一拿到手软，但或许就是因为前面走得太过顺利，当这位"小镇做题家"终于遇到了不顺利的高中生活时，他挣扎，他彷徨，陷入了泥坑沼泽，想爬出来，但周围的不理想环境让他感到窒息。高一时凭借着全科优势，他名列前茅，综合成绩年级第一；高二时突如其来的分科让他跌落"神坛"；高三他拼尽全力、查漏补缺，不断吸取之前的教训，但成绩总起伏难料，心态上的压力，似乎才是他遇到的最大且最难的问题。顺顺利利十数年，却难在高中继续延续。好在及时调整，不断改善心态，持续优化方法，终归是在一路摸索中不断前行。不说超常发挥，也算顺利考入北京大学。

从小到大，无论是在品行还是学习上，我总是那个被夸奖的人。在初中时，或许是因为一直在老师家长"编织"的"好学生的网"下，我感觉到了有些枯燥和无聊，生出了一种莫名其妙的反抗感，随即进入了叛逆期。那段时间，初次品尝那所谓叛逆带来的"自由"后，我好像真的见到了一片新天地，学着抽烟、打架，三五成群，好似香港电影的《古惑仔》。后来明白自己犯了挺多的错，加上老师、家长的劝导，我们几个终于迷途知返，最后主要心思都花在了学习上，改掉了那些不好的行为习惯。初中时的第一次也是唯一一次全市联考让我发现，虽然我基本上在我们学校是第一、第二，但在市里的成绩已经在三四百名了。

经过了这两段经历，我觉得自己心智变得成熟了一些，或许更准确地说，是对待很多问题都变得更通透了，尤其是在考大学这方面。我发现自己没有想象的那么厉害，起码没了之前认为自己努努力就能够上清华、北大这样的想法（每年清北在我们遵义市招生也就二十人左右），觉得考个川大就很满足了。

在中考的时候，我算是真正地超常发挥了，考了全市第23名，但我自己是非常清楚的：一是因为考题比较简单，二是因为考运真的特别好，数学最后十五分钟突然灵感喷涌，还蒙对了一道填空题，总共又拉升了约20分，最后成功进入遵义市的一所重点高中（理科排名前10能上清北，排名前200能上重点985）。在这诸多因素的影响下，刚刚进入高中的时候我对自己的预期比较轻松，只要最后考个川大，再选个好专业，就不错了。那时候还因为中考考高了有点得意，就打算用高中美好的生活好好奖励自己，心里暗暗想可不能像初中那样过得太枯燥了。当时，我最想成为的就是陶渊明那样的人，"采菊东篱下，悠然见南山"那清闲自在的生活让我心神驰往。回想起来，用现在的话来说就是想摆烂，较为悠然地开启了我的高中生活。

从"川大就好"到"我要考清北"

　　高一的时候我听课效率比较高，对于课后训练过的题印象深刻，可以说是处在了自己的巅峰记忆水平。那时候，我不需要很刻意地记忆知识点，老师讲的很多需要注意的和历届学生容易踩坑的地方在课堂上听后我就能大致记住一半，再按着作业要求训练一下，就将很多基础性的知识像物理公式、化学方程式、数学定理还有各种易错点给记牢了。同时一般情况下，高一主要考的是基础知识，在我们那儿尤其如此。往往只要做到能够灵活运用各个知识点并注意易错点，就已足够考到一个不错的成绩。

　　每当我们身贴"优秀"的标签进入下一个新的阶段时，在这个过渡期中放飞自己是再正常不过的了。在刚进入高中时也是如此，很多同学沉浸于之前取得的优异成绩，更惊叹自己之前惊人的付出，想要以一个暂时轻松的高中当作自己之前取得成绩的奖励。人之常情，合情合理。毕竟我也是这样的，而且我们确实需要一段时间来适应高中生活，来寻找一下适合自己的节奏。但都说"贪得无厌"，怕的就是我们不知满足，放松放松着一个学期过去了，还在说需要时间适应，那时候这个所谓的"适应"就成了我们心安理得偷懒的借口。

　　我的高中预期并不高，高一刚开始的时候过得比较轻松。但我并不至于不做作业，不听老师讲课。所谓的轻松就是不像初中那样给自己"加餐"，中午不睡觉恶补单词，只是简简单单地听课做作业。或许因为自己听课和做题吸收的效率都比较高，也或许是有些优秀的同学还沉浸于之前辉煌的成绩而暂时不愿面对真正的高中生活，我在第一次联考时成绩还很 OK，年级第 23 名。得知成绩后，我感觉还挺诧异的，在这种对自己来说很轻松的状态下竟然考得还不错（实际上我在高二、高三回过头认真分析后，才觉得自己大错特错）。

但这次考试后，有一件事儿彻底改变了我之前对于"川大就好"的满足。

我记得很清楚，考完试的第二天晚自习前，我的班主任看着成绩单从头到尾把我们给叫过去一一座谈。到我的时候班主任就问了我一句话："山源呀，你觉得自己下了多少功夫呢，考这个成绩？"我象征性地回复了那句我面对长辈询问时常用的答案："还好……"光是听前面两个字我的班主任就两眼放光了，打断了我的犹犹豫豫："你看呀，山源，你自己都说还没有很努力，就可以考这么好的成绩，要是平时肯再加把劲，那不就更厉害了吗？而且之前一看你我就觉得你是个聪明的小孩儿。"听到老师的夸奖，说不高兴确实挺假的，可我又不知道说啥，于是又象征性地回复："嗯……确实……谢谢老师……"班主任一听到我的认同，更来劲了，直接放大招："你看，其实呢每个班主任都会物色考清北的种子学生，虽然现在还早，但我已经把你看成考清北的一颗种子了……"或许是出于客套，又或是因为面对老师时那种不知所措，也可能是内心真实所想，我一时间心里很复杂，脑子一热："老师，其实我还挺想再努努力考清北的……"后来就觉得之前"川大就好"的想法顿时不"香"了。

从那次和班主任交谈后，看着老师那对我满是期待和信任的眼神，也不管是不是老师有意 push，更不管之前对陶渊明那悠闲淡然的百般向往，那么简简单单普普通通的交谈就彻底让我的想法"重新洗牌"，动力和自信唰唰上升。还记得上一次说"我要考清北"还是小学二三年级的时候，也是总听着父母亲戚身边所有人对清北中国第一学府的夸奖后产生的属于每个小孩儿都曾有过的"凌云壮志"，也不管日后真假，只道当时开心就好。这下也算是重拾起那份学子独有的豪情与壮志。

自律与热情是"神的武器"

高一上学期，我的成绩还不错，年级排名稳定在 20—100 名，好坏主要看发挥。高一下学期，我迎来了成绩的鼎盛期，好得连我自己都有点不相信。

2020 年的春节期间，新冠疫情的到来打破了原有生活的旋律。临近开学时，班主任一则消息发来，通知假期结束后在家上网课。

上网课真挺考验人的，好在班主任的一通电话提醒了我。班主任在电话那头语重心长地对我说："山源呀，你看疫情来了上网课这谁也没预料到，上学期你的成绩就比较不稳定，有时很好，有时又没那么好，在网课期间可别掉以轻心。并且我和你说，假期过了这么久，有很多同学都玩腻了，已经有开始学习高中知识的了……"班主任这段话可能不是我在网课期间的最大动力所在，却在开头就让我奠定下了网课好好学习的基调。

网课期间，我的学习热情十分高涨，那种对知识的渴求，就像林海音《窃读记》里描写的对书本精彩内容的渴望一样，求知若渴。上课时我积极地做笔记，认真听老师的讲解，并提炼出重难点做标记；课间的时候我就闭目养神，顺便简单回顾一下上节课的重点内容，发现有疑问的地方就想尽办法去解决；下午正课结束后和晚自习就做对应的作业，做完自己对正后，把不懂和错了的地方再看一遍。一天的学习大致就是这样，看起来平平常常，但体会过网课的就知道，能够做到一天先去完成学习任务并经得住手机诱惑，是需要很强的自律性的。

在网课期间，凭着自律和高涨的学习热情，再回校后，几次联考我基本上都是年级第二，按照我们学校一年十多个清北的情况，如果能够这样保持下去，清北还是很有希望的。

高一下学期成绩比较好，有两个原因：

一是在网课期间比较认真，自律并且学习热情高涨。我踏踏实实地跟着老师讲的走，认真做练习，第一次没做出来的题，看完答案后再思考一遍，遇到不懂、疑惑的点及时问老师，保持一种"我一定要弄懂"的决心与狠劲儿。那时候我喜欢做错题本，但自己的错题本稍稍不一样，我很少会抄原题，本子上记的内容都是一个又一个零散的自己易错的点，从错题中提取出来比较核心的东西，用简单的自己能够看懂的方式记录下来。但我不是所有错题都记，那样工作量确实太大了。我把错题分为两种：一种是极有可能再出现我又会犯错的，另一种是基本肯定不会再错的，当然我的错题本里就只有前者了。

二是我的精神状态比较好。高一下学期的时候，班里很多同学都是一下课就趴在桌上睡了，我基本上不会出现这种情况。可能因为网课那段期间我空闲时就跟着 Keep 上的教程来训练，锻炼身体，举举哑铃，做做俯卧撑、平板支撑，身体比较好，精力充沛。还有，我很注重睡眠，晚上在十二点前睡，中午有四十分钟左右的睡眠就比较有精神。特别是中午这四十分钟，对我刚刚好，睡少了不够，睡多了更困，午觉过后倍儿有精神。尤其在高一、高二，很多东西都是之前没学过的，想不听就会做确实不大可能。跟着老师的课堂，提高听课效率才是正解，自己课下去花时间自学对大多数人来说，是一件费力不讨好的事情。

鲜艳高分背后掺了多少"水分"

高二分科后，我的成绩就有所下滑了，刚开始的时候还基本在年级十几二十名，在正常的范围内波动，我就没太注意，想着接下来再努努力多从错题中总结，成绩自然就上去了。但后面不仅没提上去，还慢慢下滑到 60 多名，这个时候我有点慌，排名离我的预期还是有一定差距的，而且我发现好多平时看起来没那么好的同学一下子就超到了自己前面，确实也给那时候的我造成了一定困扰。后来我好好地分析了一下自己的情况，并观察身边的"黑马"，总结了以下六个原因：

一、我是属于那种各科都还不错的学生，所以整体成绩比较好，高二分到理科后，发现其实身边好多同学单看理科成绩是特别不错的，但可能平时花在文科方面的工夫比较少，文科成绩严重拉了他们的后腿。高一时光看总分，我是年级前列，总成绩看似相差很大。如果只看理科，水平相差其实并不大。

二、被高一辉煌的成绩蒙蔽了双眼。那时我并没有发现自己在数学、英语上是有一定短板的。高一的时候，我对于很多数学基础概念掌握得并不是很牢，对于难题的攻克明显花的工夫不到位，看了答案之后简单想想就认为会做了，实际上过一段时间再做的话自己还是一脸蒙。英语方面，单词、听力，以及部分语法还存在一些问题。由于总分和总排名过于出众，对于这两科单科成绩和排名我没有认真分析，这造成了我对数学和英语的判断出现失误。

三、高二后理综开始合卷考，和分开考完全不是一个感觉。题目的难度、计算量，还有题型也和之前的不一样了，对接高考轨道，暂时很不适应。我发现自己的基础确实还可以，但高二分科后做稍难一点的题目就有些费力，这也是我之前没有注意到的地方。

四、我的记忆在高一的时候很好，很多时候我都是在凭着印象做题，收获的优异成绩让我以为可以一直这样获取高分。可是在高二的时候，再凭着印象解题就很容易出错，因为当我看这个题很熟悉，就把它和我记忆中那道相似的题联系在一起，然后像电脑检索资料一样，将记得的答案往上套。到高三后，老师常说"原题复现最可怕"，怕的就是原本不是原题却被自己误认为是原题。所以在之后，我加强了注重方法、注重审题的习惯，不再盲目地凭着记忆中的感觉去下手。

五、在考试成绩上，努力并不是能够短期看到成效的。从小到大考了那么多次试，稍稍回想一下就能发现：一张试卷能够考查的知识点是有限的。比如花了一个多星期时间抓圆锥曲线的定点定直线问题，却发现考试考的是双斜率问题，可能又不会了。这是正常现象，同时老师出题也是想往你平时训练得少没有怎么见识的地方出，这个时候千万别灰心，不要认为努力了没用，客观理性地去看待这个成绩缓慢进步、厚积薄发的过程。

六、自己在努力的同时，别人也在努力。在分科后，这个现象体现得更明显，大家都很努力，就连你平时觉得对成绩不在乎的同学也在暗暗发狠力，所以千万不要傻傻地以为别人的高分是那么容易取来的。"成功的花，人们只惊羡她现时的明艳！然而当初她的芽儿，浸透了奋斗的泪泉，洒遍了牺牲的血雨。"

当我细细地回顾思考这一系列的问题后，才明白我的成绩在高二下降，有个人原因也有客观原因。但换来一个完善合理的自我分析非常值！原来高一时我那鲜艳耀目的成绩掺了一些考运、综合成绩和简单题目的"水分"！

困扰我的那些事儿

高二下学期和高三上学期的时候，一直有几个问题困扰着我：

一、遇到事情很纠结和矛盾，很难做选择。比如像作业太多和想查漏补缺之间的矛盾；上课的时候觉得老师讲得都差不多，该不该自己做点其他的；作业太多，晚上该不该熬会儿夜补作业；想补的东西太多不知道该从哪开始选择。以我的经验总结，当然也带点自我安慰的性质，这个时候选择什么并不是那么重要，其实都是各有收获的，也各有利弊。重要的是选择后就不要再去想另一个选择的事情了，怕的就是你担忧甚至认为另一个选择会比你已经选择的那个好，选错了，很多情况下只从效益来看差别没那么大，但如果抱着这种想法的话，反而会让自己在已选择的道路上收获更少，悔不当初。

二、心态的调节。心态会非常影响学习状态和考试发挥，什么东西都可能会影响到心态，无论是成绩跌宕起伏，还是与同学发生拌嘴矛盾，更甚的是老师的一次无意的拖堂使得吃饭的时候排很长的队……不得不说想要做到心如止水，让心态不受其他事情的影响真的难。佛家讲究四大皆空，六根清净，心入遁一，有宠辱不惊之神奇功效。普通人内心多少都会有点波动起伏，要说心里不泛起一点波澜，确实得大师才能做到。但我觉得尝试在心态受到影响后去恢复还是相对容易的，慢慢试着能够不断减少恢复心态平静的时间，去运动运动、听听周董的歌、吃点好吃的……根据自身性格看看怎样能够减少自己恢复平和心态的时间。这样其实自己的心态调节能力就很强了。

三、易受人影响。我发现自己太容易受别人影响，同侪效应在我身上体现得淋漓尽致。上课的时候我总会情不自禁地看别的同学在做什么，观察别的同学的状态，下课的时候我也总不自觉地去关注别的同学在做什么。知道 A 同学今天又多做了一套理综卷，我慌了；发现 B 同学今天多做了张数学卷子，我慌了；听到 C 和 D、E 同学好像又探讨出新的解题方法，我慌了。好像只要别的同学做了些事情、有了些自己没有的收获就让我感觉很慌，觉得自己必须也跟着 A、B、C、D、E 做。这样的做法确实在自我压力中有了满满的充实感，但是让我失去了更大的提升，并且心态很容易"爆炸"，在考试中失误越来越多，发挥很不稳定。越失误就越有压力，又过分地看重别人怎么做的，形成了一个恶性循环，得不偿失。

真正意识到不对的时候是在高三的国庆假期，我选择留在学校，打算好好利用假期提升提升。当然有个重要的原因：许多同学（一个班三十六人，留校十人左右）留校，我受到了一定的影响。第一天，我和其他留校的同学一起在教室里按照平时上课的作息进行，但第二天早上醒的时候就发现自己喉咙很痛，有点说不出话，后面整个身体都不舒服，头很晕，应该是感冒或扁桃体发炎了。我在床上睡了四天，什么事情也没做，很难受。那段时间，我躺在床上，起初是很气愤自己留校本来是想多做点练习提升自己，结果却病了躺在床上，啥也做不了，别的留校的同学肯定已经做了很多的事情。就是在生病的这段时间，我想清楚了其实没必要去那么在意别人做了什么，别人可以成为你的一个判断标准、学习榜样，但绝对不要让别人的行为严重影响你的行为，更不要让他影响到你的心态，长期的心理压力是会让自己的身体出问题的，真的很不值得。与其把注意力放在别人身上给自己施压，还不如多放在自己身上平稳地提升自己。"外在所有的声音，如果能够影响到你，是因为你的内心没有主见。"只有做出针对自己实际情况的合理判断，我们才能将别人的学习方法适当地应用在自己身上。

四、吃饭不香了。不知道大家会不会有与我类似的情况：可能是因为一直吃学校的饭菜又没有改变有些腻了，也可能是因为高三紧张生活带来的心理和身体的双重压力，我在高三后期觉得吃饭都不香了。甚至我一个同学还说出了"吃饭多没意思，还不如打点滴输营养液来得快"这一谬论。当时我刚出现这种情况其实并没有放在心上，但后面严重到真的不想吃东西，连身体行为都在拒绝后我才发现问题有点严重。当时我采取的策略是：既然真的不想吃，那就先饿饿，让饥饿感增加，当肚子已经饿疼了后，就去外面下馆子吃顿好吃的，或者吃吃之前没吃过的，有好奇心加持，对于我来说还挺好使的。

麻木的高三

高三后面的一段时间，我最大的变化就是有些麻木了，可能有点夸张，准确来说是佛系。佛系考试、佛系竞争、佛系内卷和佛系看待成绩排名……

就拿排名来说，你会发现每次联考后班里面的排名变化很大，毕竟后期除了个别实力特别强劲的"大佬"，其他尖子班的同学实力都相差不大。每次考完试后感觉像是在随机抽取一些同学在成绩单的上面，另一些抽取在成绩单下面。当然也有很稳地一直在前面的同学。甚至感觉高考也像抽盲盒一样，在过往所有成绩中抽一个，好坏难说。

高三大家普遍的一个状态就是能更理性地看待成绩了，也都知道很多时候成绩并不能说明什么，它只是暴露了你在这张卷子中出现的问题，是你之后需要解决的东西，而且还需要寻找这张卷子之外你还需要解决的问题。在后期大家一个班的水平也差不了很多，有时候发挥好了就在前面，发挥不好就在后面，怎样能让自己在考试中发挥好也是一个值得好好思考的问题。当时我就采取这样一个办法：抓住自己发挥得比较好的那次考试的状态，尝试去复盘，参考一切可能与考试状态好有关的事情，然后在平时考试的时候去试验，看看状态是否像参考的那样好。如果成功了就在高考中施行，不行的话就再去寻找。

在之前，还记得会和一些同学熬夜内卷，有时还会在第二天课上昏昏欲睡。后面就真正明悟了作息很重要，有一个相对好的睡眠是极其必要的。或许你会收获到一段时间熬夜刷题后成绩的提升，但是针对长期的学习来说，这种方法是不可取的。你能坚持一段时间，你的身体或许也能允许你挥霍几天，但是长期下来，半年、一年，身体肯定撑不住的。

但是每个人的作息习惯可能不一样，或许 A 睡六个小时就够了，B 要睡七个小时，针对个人情况，也没必要一定要最后一个睡，思想上形成恶性竞争。就像我国庆生病那样，如果因为长期熬夜造成生病或者身体上的问题，那绝对是得不偿失的。同时这也提醒我们适当的运动也是很有必要的。既能够加强一定的免疫力，还能促进多巴胺的分泌，思维更灵活，同时有运动带来一定的疲劳感，晚上睡觉也更好睡了，一定程度上减少了失眠的可能。

相信自己

在这里想聊聊"相信自己"的事儿。拿我自己的经历来说，因为当时我觉得自己中考考得还挺好，在高一刚开学的时候有点放飞，或者说是处于迷茫的状态。高一第一次考得还可以，但我感觉主要是运气好，考到了擅长的知识点上，有些还考到了一些原题，加之我的记忆在高一挺好的，所以考得不错。这里就又要提到班主任和我的谈话。班主任的夸奖和那信任的眼神让我先是觉得有些莫名其妙，但后面感觉很棒，那种被人信任的感觉，将我同化，让我觉得自己很不错了。虽然后面有几次没有考好，成绩起伏，但我的班主任一直鼓励我相信我，觉得我是个好苗子，是她心中清北的种子选手。这其实也对我在网课期间很努力有一定的影响，同时也是我之后能够真正迈入年级前列的一个原因。

我们都知道相信自己并不是一件容易的事情。在人生的旅程中，我们会遇到许多困难和挫折，这些困难很容易动摇我们的信心。但是，要相信自己，我们需要培养积极的心态和自我认知。我们可以采取通过回顾自己过去的成就和成功经历这一方式，让我们相信自己能够克服困难并取得成功。我们也可以与支持我们、鼓励我们的人保持联系，从他们身上获得积极的能量和信心。

相信自己就是这样一回事，遇到挫折和打击是很正常的，千万别自我怀疑，这只会让挫折和打击对自己的伤害变得更大。学会相信自己，只要方法正确，方向正确，又付出了努力，那就别怀疑自己的付出。如果觉得对收获不满意的话，觉得方法效率不高，那就尝试去向优秀的人学习借鉴，去改善一下就 OK 了，保持自信。"宣父犹能畏后生，丈夫未可轻年少。"

就这样唠唠叨叨地将我认为高中时期的一些对自己影响比较大的经历给记录下来了。成功的方法可以复刻，但能否取得成功，取得成功的度是多少，这些能不能复刻，很难说。所以实话实说，我并不认为考清北的方法是能够复刻的，因为考清北是个结果，你复刻了成百上千清北人的考清北的方法并不见得就能考进清北。坦率而言，虽然我自认为高考没有发挥好，只能说将就，但能够上北大，选择想要的专业还是有些天时地利人和在里面的。如果再来一次，我也不能保证能再次做到。但无疑这些复刻是绝对有用的，有很大的指导意义，就像有数百个为你出谋划策的军师。我希望自己的"策略"能够给正在读书的你一点帮助与启发，更重要的是当你在高中遇到和我一样的问题时，你能从容地告诉自己："其实遇到这些问题都很正常，我也知道有人有这样的问题，还知道最后他用这样的办法算是成功地解决了这个问题。"

衷心祝愿正在求学的你能够找到自己的路，相信自己，最后高考取得优异的成绩！"大鹏一日同风起，扶摇直上九万里。"

在人生转折期做好选择

大山深处的一个山里娃，幸运地成为村子里的小明星，人称"小镇做题家"。对于一个山沟里的娃娃来说，在尚不知晓外面的世界有多大的情况下，产生一种莫名的优越感，这种优越感让山源从小学一直享受到高中。

然而，高中生活有了更大的世界，"小镇做题家"一下子没了优势。山源只能开启新的适应期。好在他抓住了机会——很多反面现象警醒了他，让他及时审视自我，寻找差距，分析学业，探求成长价值……那时候，老师与他展开了一次严肃的谈话，从发展目标的更新，到学业短板的弥补，让他重新认识自我，期待未来。这一次觉醒后便奋起直追，因为他知道高中才是拼搏奋斗的开始，才是人生真正的转折点，毕竟，幸福都是奋斗出来的。

学会选择是一门学问。有一个故事，是关于苏格拉底让弟子们选麦穗的。苏格拉底让他的弟子们在麦田选一个最大的麦穗。第一位弟子刚一入麦田，便选择了一簇自己认为最大的，再往前走，看到大的麦穗，便懊悔不已，但是也没办法改变了，只能选择走下去。第二位弟子吸取了第一位弟子的教训，一直相信后面还会有好多好的麦穗，最后不如他意，只能随便选一簇，草草收场。第三位弟子吸取了前两位的教训，上来先不着急走，简单看一下大致成色，然后走到那片区域。再仔细分成三个部分，在成色较好的那片中选出一簇。纵使后面还有更好的，自己选的这一簇也是很满意的。

高中生活何尝不是不停选择的过程。生涯规划这门课程目的就是帮助学生进行科学合理的选择，及时高效地选择，坚定而不留遗憾地选择。比如，必修课、选修课如何选，志愿如何选，甚至如何选择同伴，都是选择。困难面前是选择逃避还是迎难而上？正确的义利观、交友观等，都是选择时需要注意的。

此时，就不能三心二意，同时自主选择自主担责。不受他人影响，不完全听父母之命，师长的建议可供参考。但前提是自己事先要有知识积累和生活历练，需要掌握一定的信息量。会选择，不失时机地选择，做一个有准备的人。

在中学这个重要的人生转折期，做好选择，并为自己的选择一往无前，才可能创造更好的未来。

青春不是用来挥霍或者纠结的，当我们从大山里走出来的时候，广阔的天地必然帮我们打开一扇更广阔的窗，选择好路线，积极地走下去！

翻山越岭只为遇见更好的自己

朱宇乔

作者简介

朱宇乔，北京大学马克思主义学院本科生在读。曾获云南省体育局颁发的优秀运动员称号、第十九届首都高校跆拳道锦标赛女子 49 公斤级冠军、北京大学实践公益奖、北京大学冈松奖学金。曾到多所中学、青年服务站、易地扶贫搬迁社区与多年龄段学生分享学习方法、成长心得。

核心提示

坐落于怒江大峡谷的六库小镇是她魂牵梦萦的家乡，省城昆明是她不断实现蜕变的修炼场，跆拳道是她生活、学习中持久的身体、精神补品。家乡、高中、跆拳道孕育着她的精神品性，见证着她从自信走向自我怀疑，又在直面问题、痛定思痛后调整方法、稳扎稳打，向下扎根，向上结果，最终不负光阴、不负所爱，如愿考入北京大学。

回顾三年高中生活，我真切感受到，每一个人真正的对手不是别人，而是自己。专注于该做好的事情、满怀热情与勇气、厚积而薄发是我一路走来切身体悟出的"成长经"。

翻山越岭时　千里快哉风

我是土生土长的怒江人，高中以前都在怒江泸水上学，得益于省民族班政策，高中有幸来到昆明，就读于民大附中。高中三年就是翻山越岭的过程，曾如临深渊、坠入谷底，也有站在巅峰一览众山小的春风得意，但是攀登才是常态。所谓回头看，轻舟已过万重山，但最让人留恋的，竟就是那一座座山，就是翻山越岭的过程本身。

我的中考成绩是 555 分，放在省城不高，但由于教育水平差异、考试试卷不同、批卷尺度不同，怒江州最高分仅为 558 分。这么说来我也不差，加之中考后的暑假我多少也有预习高中课程，所以是满怀信心与希冀地迈入高中的。然而高中快节奏的学习、高密度的考试、体量大跨度大的新知识，对初中从没补过课、几乎没做过老师布置的作业之外的题、课余时间大部分都在参加各种活动或在道馆训练、初三才有月考与晚自习、中午回家还有时间打《王者荣耀》的我来说并不友好。高一上学期不堪入目的成绩、背井离乡独自求学的孤单无助、与初中相比学习不再那么如鱼得水的心理落差……高一上学期结束，我错失了进入快班的第一次机会。那个学期我才知道，原来自己并没有自己想象中的那么乐观豁达、自立自强——我会因语文月考作文没写完而大哭；会为生日那天没有收到生日祝福（因为当时的班主任一个月才发一次手机、公共电话排队难且限时间，所以很难联系上亲友）还刚好碰上当时最不擅长的化学、数学的周测，做不出题而难过；会在无数个自我怀疑、不知所措

60

的瞬间想爸妈、想弟弟、想家。那个学期我才知道，原来春城并不是四季如春的，秋冬，真的挺凉、挺萧瑟的。

所幸，漫漫长途、终有回转。爸妈总会无条件地相信我、支持我，老师、同学也在鞭策我、鼓励我，当然，我也坚信自己可以站起来，相信改变的力量。疫情期间上网课，我过得十分充实，也在新学期迎来了新状态，逐渐找到那个知道想要什么、该怎么做、能掌控节奏的自己。在普通班，我也有更大的发挥空间——竞争压力相对快班较小，能通过学习方法和状态的调整取得较快的、明显的进步，有利于自信心的建立——比如连考六次班级第一。我逐渐在学习与班级管理、文体活动等事情中寻找平衡点，在和同学的朝夕相处中获得了"朱妈"的昵称。实际上这就是一个付出得到认可的正向反馈的过程：能在自己热爱的领域展现自我、在关心爱护的班集体中发挥自己的价值，是很幸福、快乐的事儿。学习当然是主业，但我不再只盯着成绩的起伏。它在一定程度上是一个参考系，可以帮助我检验学习效果、找到问题从而有针对性地调整、巩固、充实、提高；但它不是一切，尤其是一次、某几次的成绩，并不能完完全全地反映出自己对知识的掌握情况，不代表自己就是那样。比如：也许实际上自己还有很多知识漏洞，也许自己是有能力的，只是在某些方面存在问题，也许自己目前是这样，但以后如何还有提升空间。相比于成绩这一阶段性成果本身，我更重视它反映的问题，更重视在得到该成绩的过程中的经验或教训。当自己不再被成绩奴役而是驾驭成绩时，心态会更加平和，内心会更加强大。不会把时间花在"啊，怎么办，考那么差我没救了"等负面情绪的内耗上，也不至于因取得阶段性胜利就得意忘形。此时的自己，会很纯粹——脚踏实地而又心无旁骛地望向远方，只是单纯地希望也坚信自己能更好，能成为自己喜欢的模样。

高二结束，我抓住了进入快班的第二次也是最后一次机会。高三真的很快，稍不留神，日出日落就重复了几百次，写不完的题、考不完的卷子竟然也有到头的一天，曾经并肩作战的老师和同学不知日后还能见几面。所以啊，来日方长有多长呢？此时不搏何时搏呢？也许是时间到了，身边的氛围也到了，高三确实别有一番滋味。虽然需要再次适应新环境，但好在这段过渡期还算顺利——能和新同学、舍友相处融洽，尽快适应新班级老师的授课思路与风格，最重要的是能在竞争相对激烈的环境中激发潜能、提高上限。

一轮复习重在强基固本，尽量不埋雷，这样也就稳住了基本盘、拿到了70%左右的分数；后续二轮甚至更多轮的复习则需要在一轮的基础上进行专题训练，有针对性地去突破重难点。当然这是班级大部队的进度安排，在跟紧大部队的脚步的同时一定要为自己量身定制复习计划，因为自己有什么问题只有自己最清楚，自己应该是自己的第一责任人。所以在一轮复习时，途经比较基础或自己能较好掌握、在作业考试中也进行了检验的知识点，我会加快一些步伐，把时间精力用在薄弱点上，或者乘机向前冲一冲，保持稍领先于大部队的复习进度以更好地掌控节奏；到二轮以及后续的复习中，我也会有计划性地回归基础、回归课本、回归原理，以免"猴子掰苞谷"问题的出现，另外强化基础也是突破重难点的前提。

高三最难忘的是5月。年级组织了七八次考试，我也有为成绩起伏较大而担心、为自己的复习进度被打乱而烦躁、为来不及解决消化一次考试中暴露的问题而心累的时候。但作为个体，自己并不能改变宏观的安排，能做到的只有调整心态、积极适应、尽量发挥其最大价值。考试失利时，我就告诉自己"没事儿，不就一次考试嘛，胜败乃兵家常事，你是有实力的，别担心，去勇敢、积极地面对问题、解决问题"；复习进度被打乱时，我就尽快做出战略调整，有所侧重与取舍，尽量推进复习进度；我也不断地暗示自己别畏战、厌战，就把一次次考试当作宝贵的训练机会，习惯了考试的状态，高考也就平常化了，多考考也能让自己

"见多识广"，尽早暴露多的问题并积极解决，这样在高考考场上就能游刃有余。

高考来了，所谓好事多磨，意外频出。好巧不巧，被安排的酒店房间楼上正对着整栋楼的空调总机房，噪声多少影响了睡眠，高考两天的午觉就此泡汤；从酒店到考点有十二分钟的车程，考语文的那天早上我便看起了小甘（古诗词文言文复习资料）以求得心里的踏实，但这导致了语文开考的前几分钟我整个人都很难受，做选择题的时候晕乎乎的；考完数学，一个平时能考满分的朋友考砸了，我就在一个角落处安抚了她好久好久，很心疼，也很难过。但作为一个不说身经百战也身经几十战、在高低起伏间跃动的高三学子来说，一切插曲仅为插曲，我能积极调整状态：事发时不抱怨，并暗示自己"要顾全大局、没什么能阻挡我向前"；考场上身体不适时调整呼吸，尽量让自己专注于做题，不自暴自弃；保持日常习惯，如在饭后找一个属于自己的空间读记、消化知识等，让自己安心从容；不去设想最后的结果，先做好当下，认真准备下一门考试，享受过程。不得不说，平时模拟的各种考试、遇到的各种挫折与挑战，终会使你更加强大，前提是你要迎难而上。

明确自己到底想要什么，倾听内心的声音，不忘初心，然后为之拼尽全力，即使不能至，也可以无悔矣。

调整方法　攻坚克难

巩固基础的必要性

基础不牢，地动山摇。在考试中，基础知识不仅是占比最大的部分，也是突破中、高难度题目的前提。正如刚才提到，一轮复习与后续几轮复习中各有侧重，第一轮为老师带着大家巩固基础，全盘式扫荡知识点，那么我们就要力求稳扎稳打，不留下太多知识漏洞。

向上突破的重要性

我们不仅要向下扎根，还要向上突破，才能向上结果。在掌握基础的前提下，我们的竞争力主要由对中、高难度题的掌握来体现。分数上能拉开差距的关键就在于思维能力、做题技巧、对原理的深度理解与灵活运用等攻克中、高难度题所需要具备的能力。

如何在对立统一中最大化发挥二者的作用

当然，巩固基础与挑战难题是能在对立中实现统一的，并不是说过了一轮复习就不需要重视基础，在向上寻求突破的同时也要反复巩固基础；也不是说在一轮复习阶段就自动屏蔽所有中、高难度题，我们要敢于迈出第一步、敢于啃硬骨头，只是说重点放在基础上，暂时无法解决中、高难度题目也不要慌，待打牢基础后进一步突破。以问题为导向，面对难以攻克的题目，要追根溯源，化繁为简，将复杂的题分解成较为基础的几个知识点，一点点去补牢；遇到一个模糊的知识点，要由点及面，推此及彼，力求把知识弄懂、弄通、弄透。

成绩起伏

我并不是一个能稳稳保持在最前面的高水平选手，身边有这样能稳定输出、几乎岿然不动的同学，但很少。对于大部分同学而言，成绩起伏再正常不过。成绩保持高水平稳定是我们的追求，但也要允许自己波动。只要把起伏控制在合理范围内，总体上呈波浪式前进趋势即可。我以三个身边的同学为例，虽然这不具有绝对的说服力、普遍性，但也能带来一些思考。

起伏过大当然不可取，要尽量克服。以 A 同学为例，期中考考了年级第一，下一次月考却考了班级倒数第一；在其高三学年，类似于此的起伏仍有出现，只是幅度相对小一些；总体而言，能维持在年级前 20 的水平。一方面，她是有绝对实力的，这也有目共睹；另一方面，她没能很好地复盘总结起伏大的原因，考差后只是概括性地归结为"状态不好""题出得比较怪"等问题，而未去细化到知识点的排查、追溯到平时的做题习惯等方面上。很遗憾，高考时她失利了。

经历一定的挫折是有必要的。以 B 同学为例，几乎未掉出年级前 5 且常常非状元即榜眼，绝对种子选手，稳得不能再稳。只是，他的第一次明显失误，发生在高考。他是六边形战士，尤其擅长数学；第一天考完，数学没发挥好，短时间内难以调整心态，导致第二天的文综也没发挥好。虽然最后的成绩足以让人羡慕，但于他自己而言，是有遗憾的。

比较可取的是，客观认识成绩起伏，胜不骄、败不馁。C 同学高三总体在前 15 水平，偶尔能进前 3，当然也出现过掉出前 20、下限为年级前 60 左右的水平。相对于 A 和 B，C 同学的波动没那么大，也没那么稳。考试后，其能积极总结经验或教训，既有登顶的潜力，也有熬过低谷的能力，其领略过不同地方的风景，心中方寸自明，最终以从容的姿态走上高考考场，发挥得不错。

两条主线的冲突

无论是学习新知识还是复习，我们都有两条主线，一条是大部队的节奏，另一条是自己的节奏。跟紧大部队，是基本要求或者说是兜底的；作为集体中的个体，每个人的情况各有不同，而老师带着大家推进的学习复习是基于班级总体水平、结合以往经验进行的。它能保证基本面的覆盖，但难以有具体到个体的针对性安排，这就需要我们把握好自己的节奏。

如何兼顾两条主线？

第一，学习新知识。以我为例，学习数学新知识时，自己的消化能力较弱，即使有所预习并带着问题听讲，在跟着大部队完成初步学习后自觉仍有很多疑惑之处。所以课后我会分配较多的时间与精力到巩固数学新知识上，即使开始慢一点，但只要切切实实地付出了，总会有收获，这能让人获得成就感。我对历史、地理学科比较感兴趣，且能较快地吸收新知识，那么我会进一步发挥比较优势，走到大部队的前面，提前预习以保持适度超前的进度，这样等到大家走到某一章节时我已经提前搭建了基本的框架，根据老师的讲解去填充、完善框架就好，如此也能获得一些自信心。

第二，复习。这一阶段，导致大部队节奏与自己的节奏相冲突的因素主要有历史遗留性问题与高强度复习下容易顾此失彼的问题。前者指在学习新知识时就掉队了，所以到了复习阶段会追得很辛苦，会有一种被拖着走的感觉；后者则指由于复习内容体量大，很容易出现"猴子掰苞谷"或"捡了芝麻丢了西瓜"等问题，加之考试频繁，自己的节奏很容易被打乱。于此，发挥主观能动性、客观分析自己的情况尤为重要——首先要明确自己想要什么，对自己的期望是什么；然后要明确自己的问题所在，这也是制定自己的路线的方向所在；最后确定行动路径，根据自己的能力，充分利用各类资源，合理安排进度。

高三复习英语，老师以题型的不同为划分依据推进专题式复习，即一段时间内较集中地攻克语法填空，下一阶段攻克完形填空等，依次推进，无论是做题方法的讲解还是配套的作业，都围绕对应阶段的专题来展开。当老师带领大部队复习阅读理解时，由于个人一般不会在该板块儿失分，我就会在高效完成老师布置任务的前提下腾出一定的时间与精力，投入正确率尚待提升或保持的其他板块；发现自己英语作文提升空间较大，那当老师要求大家背诵一篇作文的时候，我就会再多去记忆一些之前在做题、阅读时积累的句子，通过量的积累实现质的飞跃。面对频繁的考试，我一开始也在感慨自己的节奏被打乱，会很烦躁，很慌张；但后来我逐渐尝试去坦然地接受现实，一些客观因素我们改变不了，但能改变自己，去积极适应。自己的复习计划被打乱了，那就及时调整，别怕麻烦；对于比较有把握的部分可以适度放手，集中

66

精力优先解决自己应该掌握而未完全掌握、常考常新且自己有能力突破的知识。

心智成长更可贵

不得不承认，高考是带有功利性的，这由它的性质即"选拔性考试"决定。分数确实是我们进入理想大学的门票，取得优异的成绩确实能给自己、给母校甚至生源地带来各种荣誉。但走过三年求学路，私以为相比于所谓的成功，高考带给我的心智上的成长更为可贵。通过学习、备考、参考，我有了更清晰的自我定位，或者说我能更好地认识自己。在翻山越岭的过程中，看到自己的问题，接受自己的不足并勇敢坦然地去面对，挖掘自身的潜能，锤炼自己的意志与心性，收获一路风景。也许，能否实现清北复交梦没有那么重要，只是，希望我们在足够年轻的时候感受一次奋力一搏的酣畅淋漓，享受这段纯粹而值得回味的风雨追梦路。我将自己获得的成长归为心态、状态调整与享受过程本身三个部分，接下来我将逐一分享自己的体悟。

1. 心态
心态的重要性

虎啸龙吟凌云志，落花流水平常心。拥有好心态，你会与美好不期而遇，会觉得乾坤朗朗、万物可爱、未来可期。心态好了，内心自然充盈、阳光积极，整个人就会充满力量，可敌千军万马，可达心之所向。

2022 年，元旦说好要放五天假（之前的假期被一推再推而集中到了元旦），大家都开开心心地买好了回家的票，结果当地又出现了病例，假期就打水漂了，而且是直接"化五为零"。本来在连轴运转两周后大家已经很疲惫了，再来这么一瓢冷水，各种负面情绪抑制不住地上涌。然而抱怨解决不了什么问题，既定事实也无法改变，任由消极情绪滋长，对学习无益、对身心健康无益。不如换个角度想想，心怀感恩之心。乖乖待在学校，感染风险要小很多；老师、学校工作人员也回不了家，很辛苦地在做好教学与保障工作；自己回家后恐怕难以静下心来好好学习，高考越来越近了，得珍惜在校学习的机会；"天将降大任于是人也，必先苦其心志，劳其筋骨"，相信这只是对成大事者的一个小小的考验，没什么大不了……给自己积极的心理暗示，才能快乐地迎接每一天！所以元旦那几天，大部分同学都很蔫儿，不知不觉时间就溜走了；而调整好心态的我，打心底里感激那几天的沉淀，让我有时间去消化刚结束的考试，去迎接后续的复习。

心理落差（预期与现实）

在分享高一上学期的求学经历时我提到了心理落差，心理落差主要来自自己心里的预期与现实状况之间的差距。其实这应该是很多同学经常经历的感受。面对心理落差，我们应该一分为二地看待。当自己有较高的预期并为之行动但结果却不尽如人意的时候，真的会感觉很难受、无助，会产生自我怀疑；但适当的心理落差，也能促使我们优化方法、激发潜能。

在高三下学期，有一段时间我的地理选择题正确率不太稳定且出现错误率比较高的情况，我就抽出固定的时间进行针对性训练——每周二、四、六早自习开始之前先复习十到十五分钟的地理复习资料，重在梳理、理解、记忆；中午去吃饭前做一套地理选择题练习并纠错，顺便错开吃饭高峰期。如此坚持了两周，虽然算不上多久，但总该有点效果吧？然而周测的战绩打脸了，那时候心里是挺慌张的，担心高考的时候也这样，关键是自己有所付出，却没达到预期目标，当然会不知所措。经过理性分析，我调整了心态与战略，但所谓战略调整其实是心态调整带来的客观结果，因为事实上我之前实践的那条路径是科学的、适合我的，我只需试着降低一点心理预期，不要求自己每次都全对，只要求自己能慢慢地升起来，争取每次比上一次好一点，也允许偶尔有下降的时候，不急不躁，我的注意力就自然而然地转移到了巩固知识本身而非最后的结果上。相比于之前，我会更耐心地去分析错因、消化答案解析，不知不觉预期就变成了现实。

经历过两次分班滚动的我，对于平衡好预期与现实的关系还是有一点经验的。高一上学期的焦虑、迷茫主要来自我对自己的预期较高而现实中自己学得很吃力、很被动——我的初始排名是班级第五，加之初中时学习还算轻松、对自己的学习能力还是有自信的，一开学就开始百米冲刺；然而快节奏的学习、庞大的知识体量让我对本来就有一定难度的高中课程心生畏惧，感觉自己连滚带爬也跟不上趟儿。高二结束的那次分班，我就过渡得相对顺利——相信自己有往前走的能力、有登顶的可能，但不期望自己一下子就能做得很好，给自己一些时间，稳扎稳打，总能到达彼岸。

大心脏养成手册

拥有大心脏，你就能所向披靡。大心脏是得志不得意的谦逊与失意不失志的坚韧，无论在顶峰还是低谷，都能心怀希望，坚定不移地向心之所向靠近。

要有大心脏，就要建立起坚实的自信——自信是将我们从深渊中拉出来的最强大的力量，是赋予我们一次次站起来、向前奔跑的勇气的精神源泉。当你真的无所适从、陷入了自我怀疑的时候，不妨大声地告诉自己：你真的很不错，你已经很棒了；哪怕结果再怎么不尽如人意，也一定要在其中找到自己的闪光点，总有你做得好的事情。当然，更多时候，自信是来源于日常的沉淀与积累的。如何自信地走上考场？那就需要平时多花工夫，脚踏实地，尽己所能做到最好，那也就问心无愧、坦然从容了。就像在黑屋子里洗衣服，大家各洗各的，具体情况如何只有自己最清楚，灯一亮，衣服有没有洗干净就显而易见了。这样建立起来的自信是很坚实的，不会因为暂时的失利就完全否定自己，不会因为别人的光芒太过耀眼而觉得自己很差劲，因为你是有东西的，有底气的；也不会因为一时的荣耀而迷失自我、得意忘形，因为自信建立在自知的基础之上，自己到什么程度自己心里有谱，知道自己还在路上。

要有大心脏，就要培养成长型思维。简单来说，就是遇到挫折，别逃避，别被打下，勇敢地面对、承认问题的存在，才能客观分析造成问题的原因；与其沉浸在痛苦的情绪里无法自拔，不如去解决问题，把困难当作炼丹炉，从挫折中积累经验，汲取力量。

2. 状态的调整

作为一个跆拳道爱好者、练习者，我想以运动员参加比赛为类比，和大家谈谈状态的调整。

高考就像是一场跆拳道竞技比赛，无论是赛前热身、比赛过程还是赛后，我们的状态受多方面因素的影响。其中，内因是关键，比如：身体的状况、心理的状态；外因比较复杂，主要来自家庭、学校、社会、周边的人等因素的影响。状态不好，确实很影响发挥，调整状态则为必要技能。

意识层面

自我意识（自我认知）——认识你自己，是一切行动的原点，它决定着你为什么要出发、接下来的路要怎么走。通过日常训练，我知道自己的优势与不足，比如韧带好、腿法灵活多变，但动作不够干净利落，这就是我对自身技术水平的认知。基于自我定位，我能制定合理的目标与战略战术：能在北京赛拿金牌，但全国赛还需努力，那我就将目标设定为在全国赛拿名次；腿法灵活多变，我就继续加强变线练习；动作不够干净利落，我就加强核心力量训练与抓点打点能力。

有明确的自我认知，才不会迷失方向，这就要求我们倾听自己内心的声音，客观看待他人的评价。多去思考自己真正渴望的是什么，常常复盘总结自己的近况。不管别人怎么说，自己首先要清楚自己的真实状况，再去批判性地看待他人的评价，有的可能完全没必要理会，有的可能能为我们提供宝贵的建议，总之需要自己把好关，走好自己的路。

主动意识（充分发挥主观能动性）——很喜欢《大鱼海棠》里的一句话："不是问你能不能，是问你想不想。"有些时候，并不是我们真的做不到，只是我们不敢想，也就无法迈出第一步。充分发挥主观能动性，才能有不竭的动力，创造更多的条件与可能。赛前我常告诉自己：我想赢，也不怕输。有强烈的欲望，并通过实际行动使其升华，我们就能有所突破，有所成长。我渴望进步，渴望更加强大，我才会想办法去提升自我——比如多和教练请教训练方法与建议，训练后和队友交流经验，讨论优势与劣势所在，赛后反复观看比赛视频进行反思总结，也会自觉加练弥补自己的不足。学习也一样，当你特别特别渴望突破的时候，你会调动一切资源、充分利用各种条件甚至创造条件，去实现自己的目标。

方法论

·适应性训练：赛前热身很重要，我们需要在较短时间内快速唤醒身体、逐渐达到竞技状态。高考也如此，组织模拟考，就是为了让我们适应高考的节奏等，让我们养成良好的习惯，积累一些经验。

·刻意训练：以问题为导向，有针对性地开展训练，扬长避短。针对薄弱知识点，我们当投入更多的时间精力；对于优势学科，要把相对优势扩大甚至形成绝对优势；有短板，那就有计划地、刻意地去加强。

·寻求外在力量：你不是一个人在战斗。要学会向父母、老师、同学、朋友等你信任的人寻求帮助；也可以以优秀的人为榜样、以特别想实现的愿望为动力，汲取力量。

· 以内在支撑为根本：一定要悦纳自己、爱自己，一直陪着你翻山越岭的，只有自己。

3. 享受过程本身

对一件事情的认知，出发的角度、高度很大程度影响着为之行动的方式、效率与效果。面对高三起起伏伏的成绩，有人没有坐过山车的兴奋刺激，只有焦虑。但当你不再只盯着分数看，不再只为高考而高考，也许你会更加自适、自洽，看到更美丽的风景，其中的核心逻辑就是享受过程本身。某天我突然想，高考是为了什么？其实，高考只是促使我们更好地掌握知识的途径，我们要学的，是知识本身，是一些思维方式与分析运用能力；收获的，是更加强大的内心。至于理想的成绩、春风得意马蹄疾种种，是水到渠成的事儿，是过程的客观结果而不应该是唯一目的。当你试着拓宽思路，想想学习的意义，不止于己身，不妨大胆地想想它对家乡、国家乃至世界全人类的意义，就不会再被困在小小的格子里，你会感觉你付出的努力是有意义的，你是在悉心耕耘一个伟大的事业。

回头看，过程才是最让人回味无穷的，路上的风景未必惊艳，但总能在心底留下痕迹。花草树木别有风姿，随风而起，松鼠隐去了身影，鸟雀归巢停鸣，温柔了岁月。食堂的饭菜让人记住了母校的味道，美味可口，想必士别三日，即当垂涎三尺。于窗边手捧书本，余光所至即为晚霞，虽非七彩祥云，渐变色彩足以抚慰人心，感恩所有。愿少年你此去鹏程万里，不负光阴不负自己，不负被爱不负所爱。

成长比成功更重要

很多时候，人们只善于看到一个人成功的结果，却往往忽略这个人本身成长的价值。对于朱宇乔来说，短暂的成功只是优质的成长伴随的自然结果，她更看重的是成长路上生活磨砺与精神洗礼的财富。

因此，只有带来身心全面发展、素质全面提升的成功，才谈得上优质的成长，这样的成长意味着今后随时都会有成功的果实，就像诺贝尔奖一样，谁获奖不由获奖者本人决定，但每一位获奖者都有自己成功的自我成长，都把成长发展的命运牢牢掌握在自己手中。而阶段的成功只是成长道路上偶然相遇的馈赠。

给自己安一颗"大心脏"。尽管对于学生来说，升学、考取名校似乎是前行路上追求的"成功"，但如果把人生拉长到一辈子，这样短暂的追求实在不应该成为人们焦虑的重点。包括朱宇乔在内的很多优秀学子，在成长路上一再证明：拥有一个"大心脏"，保持稳定、超然的心态，全面地发展自己，才是更重要的人生追求，也才能在功利的竞争中保持张弛有度成长的优美姿态。

有一项体育、艺术爱好陪伴。很多学生时代为了学业而放弃爱好的人，多年以后都追悔莫及；而那些拥有一两项体育、艺术爱好并且坚持下来的人，则在人生路上受益良多。朱宇乔恰好是那个爱上跆拳道的女孩子，不仅喜欢而且坚持下来，而跆拳道也反哺、滋养其发展，为健康身心、良好心态提供助力，让她的长远成长与当前成功和谐统一。

朱宇乔就是遇到挫折，也不逃避，勇敢地面对、承认问题的存在，才能客观分析造成问题的原因，这就是源自跆拳道训练和竞技所得。正如她所说，有一项长期坚持的运动的好处是：一是能吃苦；二是有竞技经验，考场上不会吃亏；三是培养了顽强的意志力。当然，除了体育项目，选择一项艺术作为终身爱好也是同样道理。艺术素养与体育素养在精神层面是相通的，都需要吃苦耐劳、勤学苦练，都有参加竞技比赛的机会，也都能给一个人的学业带来促进作用。长远来说，它们还是陪伴一生的幸福伴侣。

学会始终向上突破。朱宇乔认为，对待高中学业："不仅要向下扎根，还要向上突破，才能向上结果。"基础扎牢很重要，更好的成长还需要向上突破，提升思维模式，突破难点问题，谋划未来发展，如此，人生才不会陷于一时一地的纠结，而是在更健康的成长中自然而然地体验不断成功的幸福。

知识改变的不仅仅是命运

李文鑫

作者简介

李文鑫，北京大学马克思主义学院本科在读。多次担任团委骨干部员、学生会体育部部长、社团理事长等职务，获得北京大学社会工作奖、第五届全国青年摄影大展三等奖等。曾前往英国、爱尔兰同来自牛津大学、剑桥大学等的学者进行交流，并参与在曼彻斯特组织的国际交流会议，承担组织会议与全程摄影工作。

核心提示

没有人是天生的天才，从西北的农村一路走来，他或许很优秀，但从来不是班级中学习成绩最突出的那一个。他秉持着"知识改变命运"的信仰，可为什么当遇到兴趣与职业的纠结时，毅然决然地选择了兴趣呢？他自以为抵挡住了高二疫情期间手机的诱惑，并且在是否前往衡水学习的选择中做出了明智的判断，当高三再次面临这种考验时，他却沉沦其中。虽然后来得以摆脱，当高考数学和粗心两大难题结合起来导致他高三数学从来没有上过130分之后，他又是如何逆风翻盘最终高考数学成绩达到了146分呢？他在心中默念着"愿你熬得过万丈孤独，愿你藏得下星辰大海"，在困难重重、诱惑不断的学习生涯中，将志向化为灯塔，最终考上了北京大学。

回顾我的高中求学经历，我能够明显感知到我一共经历了三次大的变化，分别是：高一与中国政法大学，高二与中国人民大学，高三与北京大学。这三所大学曾经都是我高中的目标，相比起别的同学选择一个目标之后就认准它不变，然后不断前行的做法，我的目标转换如此之快似乎显得有些轻浮和草率。但是它们实际上具有某种共通性，那就是"既然选择了星辰大海，其间所有的星辰都只是暂时驻足"，它们反映了我一次次剧烈的转型和前进的步伐。

我的座右铭

在聊及我的高中三年的变化之前，我想先聊一聊我的"史前史"，也就是谈一谈我在这之前的求学过程，它们为我的未来打下了坚实的基础。可以发现，我从高中一开始就直接将我的目标放到了中国政法大学，而不是别的什么一本、二本学校。这实际上在某种程度上反映了我过去求学的两个特点：不是特别优秀，但是比较优秀，以及坚信知识改变命运。

什么叫作"不是特别优秀，但是比较优秀"？回顾我小学、初中的求学生涯，我都不是学校和班级里最拔尖的那个人，但会在最拔尖的那一群人里。这也是我为什么在中考考得并不是那么好之后，仍然有勇气在高一直接选择将中国政法大学定位为我的高考目标院校，这大概就是人们所说的：优秀是一种习惯。一定要保持你的优秀，不要总是想着等到某段时间我再去努力，再去超越。大部分优秀的人之所以能够保持自己的优秀，就是因为当他们处在那个位置的时候，他们的目光和他们的能力都在那个位置上，能够比在他们后面的人走得更快，看得更远。所以一旦你落后，再想达到那个位次就会很难，这就是很多老师说的基础问题，保持优秀才能有好的基础。当你能够一直保持优秀的时候，那么你的眼界和目标都不会很低。优秀就像是一个平台，站在它的上面，你能够收获更多的风景和知识，它也会推动着你前行。要想成为最后关头的"一匹黑马"，那你至少得在全程就保持在比较领先的位置。如果说你从一开始就落后了别人很多，那么即便你秉持着半道再超车的信念，恐怕也是于事无补的。"弯道超车"当然是存在的，但是我们要意识到弯道超车的风险。

贯彻我学习至今的一个信念就是"知识改变命运"。我来自西北地区的一个农村，小学三年级之前，我都是在农村读书。父母清楚没有文化和知识会有怎样的后果，所以我从小被父母灌输的一句话就是："要好好读书才能改变命运。"因为我自己经历过贫穷带来的窘迫，那是连吃一桶泡面和喝一瓶饮料都算很奢侈的日子，所以我从小就希望通过读书改变自己的命运。今天来看，我们家似乎的确做到了这一点，但是"知识改变命运"并不是多么轻松的一句口号。我永远记得从小学开始，命运就赋予我一种焦虑，那是在小学就要取得好成绩以进入好的初中，在初中就要取得好成绩以进入好的高中，在高中就要取得好成绩以进入好的大学……如此种种伴随着我过去的学习生涯。选择中国政法大学，也可以理解为一个来自农村的孩子对自己未来可能改变人生方向的一种规划——走入顶尖高校，改变自己的人生。

兴趣与现实之间

正是带着这样的期望和过去，我走入了我的高一。高一是带着新鲜感的疲惫，每天都需要面对九门不同课程的压力。如果你还没有想好你未来的方向，那么九门课程你都不敢懈怠。我的高一就肩负着学好九门课程的重要任务，所以当我把我所有的精力平分在九门课上，即便我自认为有那么一点天赋，自己其实学得还是很累，成绩虽然还可以，但并不是那么突出，当时我只能排到我们年级前 50 名左右。

而当高一上学期结束要选择分科的时候，我面临了一个基本所有高中同学都会面临的困惑："文科还是理科？"我自己当然是对文科有着极大的兴趣，但正如我提及的一样，家庭的不富裕经常带有一种观念——选择文理与自己未来的就业挂钩，文科生限制很多，但是理科将来很好就业。因此，当全家人都在劝我学习理科的时候，当未来的迷茫和焦虑向我裹挟而来的时候，我自然也对此感到头痛。但是我最终还是选择了自己的兴趣，因为我认识到一件事情，那就是如果一个科目我连学习它的兴趣都没有，那我极有可能在未来陷入更大的焦虑与抑郁中，甚至可能在高考前就选择了放弃。与其在那个时候痛苦，不如现在就下决心。而且选择文理的确在某种程度上给我们的未来划定了一个大致的方向，但是这种方向究竟在多大概率上是限制呢？在多大概率上会成为我们自己的现实呢？我觉得这还未可知，甚至大概率并不如同我们往常所持有的观点一样。

但是做出选择并不意味着就结束了一切，如果做出了自己的选择之后就把它放在一边不管，那么之后的结果必然是我们经常得到的"现实与兴趣"相冲突。但是结果真是如此吗？我看未必。当我为了兴趣而选择文科之后，我的父母告诉我说要为自己的未来做打算了。所以那个晚上，我查了各种各样的资料，最终选择了法学这个就业看起来似乎还不错的专业，并且经过自己查找资料，最终选择了我的高考志愿就是一所和我目前排名看起来比较接近，而且法学专业很厉害的高校——中国政法大学，这就是我高一与中国政法大学的缘分由来，因为文科和专业以及学习而结缘。在确定我未来的方向之后，我冲劲十足，而且明确了自己的专业方向，我就可以把更多时间投入我选择的六门科目，所以一进入文科班，我很快就达到了文科第三的位次。

这大概就是我高一的全部轨迹。如今回顾这段经历，我想告诉大家的经验其实有三个：

第一，坚持自己的志向。这里的志向主要是指选文理科的时候，我毅然根据我的兴趣选择了文科。尽管当时我的父母和家人极力劝阻我选择文科，甚至让我一个学理科的表哥打电话劝阻我，但是我并没有被说动。我始终坚持了自己的志向，并且最终选择了文科。如今回过头来再看，如果不是当年坚持了自己的志向，我可能依旧能够上一个不错的学校，但是想要结缘清北，那是基本不可能的。而对于学习中，甚至是人生中的其他事来说也是如此，一定要坚持自己，坚持自己的志向。

第二，选择的重要性。在我们的学习生涯中，我们无时无刻不面临着各种各样的选择。这个学校还是那个学校？这个班级还是那个班级？这个科目还是那个科目……哪怕是极其不起眼的选择，都有很大的概率将我们导向不同的结果。那么，如何做出一个未来自己不会后悔的选择？我想这固然与身边人的建议有关，但更多的、更真实的声音，其实来自你的心灵深处。我们常用抛硬币来做选择，不是因为抛硬币有多么科学，而是当我们抛出一枚硬币的时候，无论硬币结果如何，我们的内心都已经有答案了。同时，做出选择不意味着就结束了这个选择，对于一个选择而言，比做出选择更重要的永远是未来无数个为了这个选择而进行的付出。

第三，将精力投入一个地方。高一上学期我是全年级前50名，高一下学期我是文科排名第三，这两者的差别就是：高一上学期的时候我把全部的精力投入九门学科，下学期的时候我把全部的精力只投入六门学科。把精力过于分散开来，尤其是对于高一的我来说，化学、物理是我极大的短板，这就导致我的排名并不是很突出。所以当我选择了兴趣，集中精力投入我很喜欢的文科之后，再结合刚才的第一点坚持自己的志向，我最终实现了成绩突飞猛进。

最后在这里补充一个故事，我在我们高一上学期的时候只能排年级前 50 名，而年级第一和我一样都很喜欢文科。到了分科的时候，她虽然很喜欢文科，但是没有坚持住自己，最后放弃了文科去学理科。高考后她当然也上了一个不错的高校，但是距离清北还有一段距离。我们高中的老师经常说：她要是来学文，肯定能上清华、北大。我不知道她是怎样的想法，我当然为她感到惋惜。在这里我想告诉大家什么呢？不是学文科就会很好，而是首先保持住自己优秀的同时，记住你能做的只是保持，但是这种优秀不可能是永远的，所以你要不断努力。其次，还是我说的，坚持自己的志向，因为很多时候，你的情况只有你自己最清楚。

诱惑与未来：明确自己的志向

　　等我到了高二，有两件事情比较深刻地影响了我。

　　第一件事就是和疫情有关。我高二的时候刚好是疫情刚暴发那年，2020 春节之后大家就一直待在家里上网课。由于那个时候学校、家长包括我们自己都没有任何预兆地就面临了这样一个时期，所以出现的问题也是始料未及的。首先表现在手机等电子产品的监管上，从来没有一段时间像那个时候一样让我们能够如此自由地占有一部电子产品，所以随之而来的上课打游戏、课后打游戏等各种问题就出现了，但是上网课又不能没有电子产品，这就产生了一个矛盾。其次，就是上课的监管问题。隔着屏幕，你可以想干什么就干什么，老师无法像在学校的时候一样对讲台下听课的学生一目了然。最后，就是课程压力的大幅度减少。疫情前，我们每天都要在学校上大半天课，但是疫情时只用上小半天，上五天就可以休息一天，而且课程容量又很小。所以那个时候，很多同学把大量的时间都用在电子产品上，玩得不亦乐乎，上课玩完下课玩，作业更是随手一抄。但是我和别的同学不同，这样的上课方式赋予我的是什么呢？是一种前所未有的危机感和恐慌感。由于疫情，同学们都无法见面，所以我时常担心的问题就是：他们是不是比我多学了，我今天不学是不是会比他们落后？大量的课余时间也给我一种心灵的惶恐——这么多时间我应该用来做什么？为了充裕自己的时间，我那段时间买了各种各样的题回来刷。老师上课时别人都在打游戏，我就跟着老师的讲课思路走，课余时间也认真独立完成作业。回报就是，疫情回来的第一次考试，我拿下了全年级文科第一名，而在此之前和之后，我从来没有拿过年级第一。

在疫情的时候，我当然也可以选择和那些同学一样玩耍，我也有电脑，也有平板，也有手机，他们也会叫我打游戏，但是我为什么没有玩呢？因为我知道我真正需要的是什么，我的志向不是那些短暂打游戏的快乐，我需要的是考入一所好大学改变自己的命运，所以我能够压制自己的欲望，而不是让欲望控制我。学习就是一个压制自己别的欲望的过程，你需要始终在心中明确自己的志向。当你在学习的时候，心中想的是，学习完这个我就掌握了一个知识点，还是学习完这个，我就可以打一局游戏？你始终要明白你要做什么，也就是明确你的志向。

第二件事是高二升高三的时候，由于我们学校每年高三会有一定的名额将前面比较顶尖的同学送到衡水中学去交换训练，所以我当时就面临着是否去衡水中学学习的这样一个选择。我的确纠结了很久要不要去，一个原因就是几乎排在前面的同学都会去衡水中学学习一段时间，另外就是我们都知道衡水中学的名声确实很响亮。当时我们文科排名前面的同学和校长几乎都在劝我去，但是我最后还是做出了一个决定，放弃这次机会，留下来在我们学校继续读高三。为什么最后做出了这个决定？我想就是两点：

一、信心。第一个信心是对我自己的，我相信即便不靠衡水中学的训练方式，我也能够凭借自己的学习方法考出不错的成绩。第二个信心是对老师的，我相信即便我们的师资力量存在差距，但是并没有那么大，而且衡水中学的老师不见得对我这样一个外来的学生能够像对本校的学生一样尽责。

二、冷静的判断。即便很多同学都会去，即便老师都在劝我，但是我依然能够在从众心理和头脑发热之外，冷静地做出符合形势的判断。因为我觉得高三本不适合折腾，而且河北的方式未必适合本省，所以最终我放弃了。

最后的高考成绩告诉我，我没有错。我们学校那年文科包括我有三个考入北大的同学，都是没去衡水读书的。我当然可以不用纠结，而是听从老师的劝告，从众地和同学们一起出发去衡水，但是这就是我真正需要的吗？我们始终要弄清楚的东西在于，对于我们学习而言，我当下需要的是什么。我见过很多人一头扎入题海中疯狂地刷题，把自己弄得满头大汗但是毫无所获，因为他们不确定这个时候他们是需要巩固知识点还是刷题，这样怎么能够做出有利于自己的选择呢？所以一定要慎重地判断，理性地选择，而这种力量就来自你对学习和自己情况的把握。学习不是一个从众的过程，它需要你适时调整自己的判断。我们平常的学习不是一听到别人在做我们没有做的事情，就放下自己手中正在做的去做那件事情。我们要明白自己需要什么，也就是做出适合自己的判断。

也正是由于如此，虽然在高一我暂时确立了我的目标是中国政法大学，但是我在进入高二后逐渐发现我的排名稳固在全年级文科第三的位置，基本上整个高二位次没有太大的波动。又由于我的高中属于省内比较顶尖的高中，所以当我意识到自己可以触碰更高层次的大学之后，我将自己的目标改成了中国人民大学。这种目标的改变并不是突发奇想、空穴来风的，它的基础是什么呢，就是我高二一直以来稳稳地、持续地把自己排名稳定在全年级第三的这个基础。我能够有信心调整目标，并且有信心实现它，这是一个逐渐积累、逐渐调整的过程。

当粗心成为一种习惯

等我进入高三最后的一年，我面临最大的挑战就是：数学怎么办？当然在聊及这个问题之前，我想先谈及另一个很普遍的问题：手机怎么办？

正如我前文所言，我虽然在高二的时候经受住了电子产品的一轮诱惑，但是高三的时候却差点陷入进去。高中的学习是一个比较枯燥的过程，电子产品因此就显得格外诱人。它的确会让我们沉沦进去，毕竟在学习之余它是如此有趣。曾经，在我初中以及高一、高二的学习生涯中，我因为手机和母亲产生过无数的矛盾。她始终不想让我碰一下手机，但我觉得学习之余玩一玩手机没什么。因此高三的时候，我偷偷摸摸拿到了自己曾经的一部旧手机，一有空闲时间就会偷偷摸摸玩。现在看来，曾经的我是错误的，没有限制的自由的确会产生一些问题。我承认当时玩手机对我的学习的确产生了影响，因此我很感激我母亲后来及时发现并对我予以监管。我至今都清晰地记得，在距离我高考只剩整整六个月的时候，我的母亲发现了我的行为并予以制止。所以，如果高中的我们抵制不了电子产品的诱惑，家长的监管的确是必要的。

另一个问题是：数学怎么办？我相信大家都会在某个阶段对这个科目产生一定的困惑。我数学在高三最大的问题不是题不会做，而是题会做但做不对，经常犯一些很愚蠢的错误。我至今记得有一道数学大题，最后一个步骤特别简单，是"7-3+3"得出答案，但是我当时就是把这道题算成了11。这样的问题在我高三每次考试时总能出现，以至于我其实是有能力将数学考到130甚至140以上，但经常只能是110、120、90，这样的错误直到高考前那一次模考我依然在犯。我相信大家从小到大都有这样的问题，你要说它是粗心的问题吧，它也不全面，很多题你一眼就能看出答案，但是当时脑子一混乱就有可能答不对。选 B 选成 C，草稿纸上答案是对的，抄到卷子上就错了，这样的问题大家都有。但是如何克服呢？我觉得第一点就是不要害怕，你越害怕，它就越有可能出现。有了第一次这样没考好的经历之后，就一直在每次考试前都担心这个问题，结果每次考试都会出现。第二点就是细心，怎么细心呢？这个的确是老生常谈，但是我当时每次在考试前草稿纸发下来后，就在上面写一段话告诉自己：不要害怕，慢慢做题，尤其是运算类的，你能做对，要相信自己。第三点就是你需要一次成功。当我们犯一个错误之后，你之后担心这个错误，反而会一直出现这个错误。这个时候打破这个循环的办法就是一次成功，你就有勇气在下次、下下次都能做对。第四点，也是最重要的一点，就是把每一次当成最后一次。不要觉得我这次做完之后，哪怕没有做对，那么我检查的时候还能再检查出来，事实往往都是我们大概率检查不出自己很明显的错误。一定要把做题的第一遍当成最后一遍，只有这样，我们才能集中自己所有的精力答对每一道题。如果总觉得自己还有后路，总觉得自己这一次考试没考好，下一次就一定能改过来，那么往往只会陷入粗心的怪圈中去。只有破釜沉舟，只有没有后路，我们才能激发自己最大的潜力，保持最大程度的细心。我高考的时候就秉持这样的信念，最后才走出了自己高三的数学怪圈，将数学考到了 146 分。

最后，我想和大家聊聊：为什么在高三选择了将自己的目标定为北京大学？那是一段让我现在想起来都很感动的经历。

我至今记得在高考前一年，也就是 2020 年 6 月 3 日的时候，英语老师上课把我叫到教室后面告诉我："李文鑫，你不能这样下去了，你要定个目标呢，比如说，你李文鑫，非北大不上。"回去后我思考了良久，最后用一张便利贴写下了："我李文鑫，非北大不上！"我将自己的目标最后确定为北京大学，将那张便利贴装进笔袋里。从此之后每每学习很累的时候，我就会拿出来再看看，给自己一点安慰，给自己一点力量。

而在距离高考八个月的时候，当时学校要写目标墙，我最后想了想，把我整个的高中都写在了上面："争取北大，努力人大，保底中国政法。"我用一张卡片写下来自己高中三年的目标，它们见证了我的成长。

这就是我整个高中的经历与故事，拿到北大录取通知书的那一刻，我写下："曾经以为是少年的无知戏语，直到有一天把它变成了现实。"曾经看起来很遥远的目标，当我一步步扎实地前行，似乎也没那么困难。

我永远记得高中做的一本题集里有一段激励我们的话："愿你熬得过万丈孤独，愿你藏得下星辰大海。"既然选择了星辰大海，其间所有的星辰都只是暂时驻足。我熬过了那万丈的孤独，如今"愿你藏得下星辰大海"。

阅读参考

在兴趣与现实面前　千万别踌躇不前

有人说，人生就是在不停地选择。高中更是人生重要的转折期，选择显得尤为频繁和重要。有时候选对了，有时候选错了。有的人选对了，有的人选错了——没人是先知先觉，一辈子永远都能做出正确选择。

因此，每一个人都毫无例外地面临选择的困扰。李文鑫探讨的就是如何科学地选择，做出最有利于自己的决定。他以自身实践论证了以下几点：在兴趣与现实面前，选择兴趣；在文理分科时选择自身优势；在诱惑与未来面前选择未来……当然，这一切的结果都是考取名校——以阶段论来区别论证的话，李文鑫高中学业的几次关键节点的选择都是对的，因为他成功了。但如果从长远来看，未来的路还很长，有很多不确定性，不好说他之前的这些选择一定都是对的。更何况，选择是一个非常个性化的事，一定是因人而异的，一定是相对的，没有标准答案。

兴趣与现实是决定选择的两大要素，尽管通常情况下，多数人主张以兴趣为主，但实际操作起来并非如此。从宏观层面看，对大多数人来说，往往是现实因素起决定作用。这从最近这些年报考志愿文理分科倒向理科就能看出来，毕竟理科就业的现实作用占主导地位。也就是说，决定选择的现状与兴趣两大因素，都会随社会发展与时代进步而变化。

因此，在做选择前，有三个问题需要思考透彻：

一是兴趣是否已经成形而且能保持不变。现实中有的人对待兴趣，一以贯之地坚守一辈子，而更多的人的兴趣则是在不断尝试、体验和变换中逐渐成形的。因此，高中时期所谓的兴趣未必就是牢靠的——既没有定型，又充满变数。那么在以兴趣为前提做选择时就要好好掂量掂量了。

二是现实能否转变为兴趣。兴趣在现实面前做出妥协，甚至放弃都是可能的。毕竟"理想很丰满，现实很骨感"。但不可否认，现实中很多人也是先工作后爱岗，在实践中磨砺出新的兴趣。因此，现实中既有爱一行干一行，先有兴趣后有职业；也有干一行爱一行，先入行后产生兴趣。后者就是典型的实践出真知，真知孕育兴趣。如此说来，对于所有人来说，或许没有必要纠结于是否感兴趣。有兴趣更好，没兴趣可以培养兴趣。

三是阶段目标与长远目标的关系。阶段性目标肯定就是高考，所以可能的选择就是易学与好考为优先。可当易学、好考与未来从业有矛盾怎么办？如何兼顾好长远的职业生涯规划，就显得很重要了。

想明白这些之后，无论做出什么样的选择，都要义无反顾、勇往直前，不分心、不后悔地走下去。假如选择错了，就到下一个选择的机会出现时，再做调整。

咫尺理想 用智慧跨越
—— 一位农村学子的自我救赎

更 生

作者简介

　　更生，北京大学艺术学院本科生，获得北京大学"筑梦计划"加分。曾连续两年获得院系综测第一、北京大学三好学生标兵荣誉称号，获得李彦宏奖学金、廖凯原奖学金、国家励志奖学金等。曾为众多高中生开展线下及线上学习经验分享。

核心提示

　　初中阶段，她曾误入歧途，在问题学生群体中与同学厮混，不学无术，与老师起冲突，成为同学眼中不折不扣的差生。初三时，面对老师的不公对待，她立志要为自己为父母争气，最终以优异成绩考入县里最好的高中的最好的重点班。升高中的那个暑假，她为自己设立目标——浙江大学，高一刚入学时的一句"玩腻了"，便正式开始了她在高中的奋斗生活。她披星戴月，努力学习；她面对是非，理性对待；她做自己，也成就了自己。一路披荆斩棘，但她从不后退，乘风破浪，她最终到达名为北大的知识的彼岸。

每个人的一生发展其实在冥冥之中都是自己所决定的，所以我想把自己从农村到北大的这样的历程称为我的自救，也希望给正在历程中挣扎的读者以力量，希望以我的故事告诫更多人，自己的力量在人生的探索中才是最重要的。始终以一颗热忱的心对待自己，始终对自己有所期待、有所肯定，毕竟人生中能够真正知道你的一切来时路的艰辛以及你一切的努力的人只有你自己。我们一生中的很多事情只为己知，故而我们也便只为自己而活，所以为了将来回望来时路不悔而无憾，且在当下努力一把，走出自己的路，写下属于自己的故事。

叛逆：问题学生

初中对我来说或许是一个生命中的转折，也是一场意外的惊喜，抑或是想不到的一次人生的探索。印象很深的是，在小升初的考试时，那时联考的成绩尚未成为升学的唯一标准，家中在县城没有房子的我，仿佛想进入县城继续读书只能靠自己的努力。六年级到处奔波考试，在毕业时也没有收到县城中学的录取通知，父母还为此吵架，认为是过于放纵我玩耍而令我没有考上，他们争吵之际，我竟收到了县一中的录取通知，连县城最差的中学都没考上的我，竟意外地收到了最好中学的录取通知，所以我把初中的学习称为一次意外的惊喜。

刚入学时，我在班级的排名并不算很靠后，那时候甚至幻想自己能在年级前列，然而第一次月考便向我浇了一盆冷水，年级六百人，我排名150，虽然也不算靠后，但对于彼时曾幻想年级前列的我确实是很大的打击。尽管如此，或许年少就是有那股聪明劲和努力劲，在期中考试我便到了年级50名。对于这样的成绩，我不免沾沾自喜，在沾沾自喜中却误入歧途。初一时与同学结交，认为在一起玩耍才是在学校里最酷的。

河北的教育环境因为衡中普遍比较压抑，而我们这种十八线的贫困小县城更是将教育的压抑甚至压迫演绎得淋漓尽致。初中时生性爱玩，也因此被班主任一次又一次地打压，甚至恐吓说再和隔壁班的那个学习很差的女生玩就要我退学，年少不懂事便也分不清这样恐吓的分量，因此我失去了初中的第一位好友，也因此一直对这位好友心怀愧疚。然而此后尽管我的交友范围在班内，却始终并未将玩乐的心放下。

在玩乐的同时也出了很多矛盾，也因此收获了我在年级内所流传的"问题学生"称号。初一寒假放假前的一天晚上，由于第一次放长假的喜悦，同学们在寝室举办联欢晚会一起庆祝，然而却被同宿舍的某同学向年级组长举报，班主任因此声称要将我们这些人开学时停课一个月。听到此"噩耗"，同样年轻未经事的妈妈竟对此反应剧烈，甚至气到昏厥。时至今日我还是不明白当时班主任的处事方式，也无法原谅，这也为后来的正面冲突埋下了火药种子。在妈妈对老师说好话以及我的赔礼道歉下，这一"停课闹剧"结束了，然而我作为问题学生的代表生涯却没有结束。或许真的是当时年少不经事甚至不懂事，不明白当时老师的良苦用心，不明白学校的培养教育方式，不能真正地接受这样的管理，所以在初一、初二的那两年我始终顶着问题学生的帽子，这也成为两年后伤害我的刀子。如今想来，也许故事发生后便留下了痕迹，只是当局者迷，当时的我不知道更不能预想，也就只能在后来承受着某些本不必要的伤害，当然，这是后话。我继续在所谓的问题学生道路上愈走愈远，仿佛找不到方向，迷茫地前进，但或许是上天眷顾，给了我一次证明自我的机会。

翻盘：从问题学生到好学生

与班主任最大的一次正面冲突在刚入初三的那个阶段。我们成为毕业年级，班主任不可避免地对学习抓得更紧了，对于班级的纪律也相应地要求更严格，本身就短的课间，也被要求不能在班内打闹，在早餐和上课之间的休息时间也被要求用来自习而不能和同学交头接耳。然而本身就喜爱说话、爱与同学聊天的我在这样的约束下不免就暴露出更大的问题。在一次上午上课前的休息时间，后桌的男同学找我聊天，因为坐在门口一进来就能看到的位置，所以当我沉浸在和同学的聊天娱乐中时并没有意识到班主任的到来，不出意料地被班主任怒骂，说我自己不学习还打扰同学学习，如果再和同学说话就将我调到角落自己一桌。然而由于那次并不是我主动找同学说话的，但班主任因为我学习更差却只数落谩骂我一个人，我感到不公。在班主任又去怒骂另一位女同学的时候，我忍无可忍，沉默着将自己的桌子从第一排搬到了角落。我本意是，既然老师可以不分青红皂白地将这一情况归咎于我一人身上，她下一次依然可以这样而让我去后排角落，不如我自己主动去也不会再受到她的辱骂诋毁，然而这一举动却成了她眼里的"寻衅滋事"，成了挑衅，她生气地让我叫家长，甚至让我妈把我接走停课，同时不忘在办公室向其他老师散布我"不尊师长""有自己的大脾气不好惹"等言论。这一事件最后依然以我赔礼道歉告一段落，她迅速让其他同学占据了我原来的位置，我却在角落里学习了一整个学期，尽管学期内其他学科老师多次想让我回原位，也没有办法。

我暗暗发誓自己要争气，要以自己的努力让班主任改变对我的印象，要改变自己本不该遭受的不公的待遇。于是从这时起我开始远离班内原本一同厮混的问题学生，开始同班内学习成绩最好的同学一起吃饭一起学习一起回寝室，也实现了在结课联考中考出了年级前 20 名的成绩，不仅让全班同学吃惊，也第一次证明了自己的争气。后来年级将最好的几十个学生重新组成了一个实验班，我不在名单里，却因此成了班内留下的所有学生中学习最好的学生，这也让我体验到了名列前茅的喜悦，激励我不断努力学习，最终，在中考时我取得了全县前 50 名的成绩，考入了县里最好的高中尖子班，这一成绩标志着我从初中的问题学生，成功转变为为自己争气的好学生，实现了翻盘。

跨越："玩腻了"到"披星戴月"

真正实现学习排名跨越的原因是进入高中后自我想法的转变，更是在对自我肯定中的努力坚持。刚入高中时，大家都觉得仿佛脱离了初中时那种严厉的管控，感觉更加自由了，也因此开始沉迷于玩乐，然而我却感觉初中时玩得太多，已经"玩腻了"。看着曾经在初中认真学习的成绩优异的好同学在刚入高中时沉溺于玩耍，我却选择了一条与他们相反的道路，我忽然想试着努力学习了，想看看自己努力到极限能达到什么水平。

于是在高中入学后的一个月，我披星戴月地努力学习，每天都是校园里第一个到达教室的学生，也是校园里最后一个从教室离开回寝室的学生，甚至晚上回到寝室也会挑灯夜读，真正地将努力学习用行动诠释到极限。那时候的我仿佛认准了要去拼一把，用短短一个月做赌，去看自己能到达什么地方，当时努力到想想都会觉得心疼自己，也会更加为这样努力的自己感到未来绝不会后悔。那时的我一心扑在学习上，将时间都用来学习。到现在都依稀记得，在寒冷的秋夜，有那么一个学生掐着最后的点从教室奔跑回宿舍，只因为她在教室努力到最后时刻。

一个月后的月考结果没有让披星戴月努力的我失望，也真正让我感受到努力的意义，月考我从第 50 名进步到全年级第二，而第一依旧是当年的中考状元，甚至只和她差 3 分。这样的结果更证明了我努力的极限是没有天花板的，仿佛我可以继续努力来证明自己的实力，所以我选择继续努力，用三年的努力证明自己真正该有的实力。仿佛一切行为的延续都和自己的努力所得有莫大的关系，我也会去想，如果当初努力完那一个月没有得到应有的回报，故事又会如何发展？或许我也会继续坚持吧，因为真正努力过的人才会知道，自己当时的努力有多么热血，有多么激励自我。我想用自己的故事鼓励所有在中学阶段的同学，只要努力去做就好了，拼一下你才知道自己有多优秀，只要去做，你便能进步，而站在原地永远等不来想要的结果，反而会被卷死，淘汰在跑道上。因此，只管努力就好，至于前路到哪里，那是后话，如今要做的便是踏实干，我相信每一个努力的人的未来都不会差。

挣扎："不理解"到"你其实也挺好的"

或许在河北的很多底层县城学校，在这种竞争培养教育机制下，我们都不免遭受到一些心灵的苦痛和挣扎，但能拯救自己的也只有自己。正如前面曾提到的，初中时所流传的问题学生的流言对我的伤害在我高中时才真正露出水面。我并不是一开始就优秀的学生，然而在高中时靠自己的努力也成功地成了年级中的文科学霸，但只有我知道，在那样的环境中并不能感受到这种名头带给自己心理上的喜悦，反而因此遭受到同学的冷落。或许当时的我只是靠着一腔真诚妄图和所有同学做朋友，这种真诚更让我在人际关系的处理中显得"玻璃心"。

曾以为当我捧着真心与同学交流时也能换来真心，我还是低估了在那种压抑而竞争的教育环境中学生心理的扭曲与改变。在班级中，我是一个积极主动的学生，不仅在课堂上积极发言，也会积极和老师互动，然而却被课堂上不发言的其他同学误会为"老师你只为她一个人讲课"，我不能理解这种误解，明明同一个课堂同一个老师，积极主动的同学反而要被这样诋毁。同样地，在同学之间相互帮助讲题也一样，我向来是积极热心的，而且也喜欢在给别人讲题的时候巩固自己对知识的掌握，但现实是我主动想给同学讲题的时候却处处碰壁。印象很深的一次是，某同学遇到了不会的数学题，刚好我会就主动想给她讲，却被以"想自己再思考一下"的理由拒绝了，我觉得这样的想法也很正常，然而三分钟后却看到她去问了别人，那一瞬间我真的感受到自己被排斥了。在这样压抑的班级氛围里，当你和同学借老师发的试卷的时候，她即使不做也会让你做完把错题给她看一下，功利而自我，真的会让人窒息。

　　不止如此，在那个班级里，我仿佛从来没有被真心地肯定过，我记得到河南参加联考的时候我拿了总分第一，有同学拿了单科第一，等回来的时候同学们围着单科第一的同学祝贺，而为班级为学校争光的同学却无人问津。有一段时间，我仿佛是对班级的压抑氛围实在是受不住，几乎每天进到教室就想哭，每天都哭，感觉很难过很压抑，窗户、窗帘紧闭，更让人压抑难过，更让人寒心的是同学们的态度。某次早自习结束，我实在不能忍受便在楼道大哭，哭到整栋楼几乎都能听到，我想告诉他们我心中的苦痛，然而只有一个同学从班里出来安慰我，而且毕业后回忆这件事，那个同学还解释说她之所以出来是因为班里的同学觉得我哭得烦。这就是冷漠不堪的班级对我的伤害，我至今不能忘记。

　　也有更多的同学曾经自始至终都和我保持距离，然而高三疫情后复学，我和同学在慢慢地沟通以及向他们讲述我的故事的时候，他们忽然感慨好像之前都是误会我了，从最初的"不理解"所以"不愿接触"到后来的感慨"其实你真的挺好的"，我听到这样的评价也会释然一笑说"没关系"。然而真的没关系吗？我仿佛不能回答，毕竟曾经的苦痛和挣扎是真实存在过的，唯一能拯救我的是自己对自己的保护，我只能坚守自己的真诚，坚守自己为数不多拥有的友情以及宝贵的亲情。万幸，我完成了自救。

登峰：从农村到北大

我将自己从农村走到北大的结果称为登峰其实也不很确切，但它对于曾经那样一个沉溺迷途的农村学子来说，确实是如登峰般的跨越。十年前我还只是一个不知生活苦的小学生，七年前我也只是妄图考上全县一年也就只能考上两个学生的浙大，然而三年前我却做到了以全县第一的成绩考上了全国最高学府北大，这是人生的阶段性登峰。然而故事却不会到这里就结束。回望这一路，我遇到了初中时与老师的矛盾、与自我学习的矛盾，最后的解决办法不过是自己给自己动力，或许外力的驱动有一定的因素，但我没有选择自暴自弃，而是选择了自己争气，是我对自己的鼓励，也是自己的选择，这才真正让我实现了从问题学生到全县前50名的争气好学生的翻盘。

高中时的选择决定了我一路的努力，这是我对于高中努力生活的定位，也在一定程度上奠定了整个高中生活的基调——努力。尽管高中的学习枯燥，我还是不可避免地遇到了高中最大的问题——人际关系处理，同学的不理解和冷暴力，让我无时无刻不在班里感受痛苦，也会尝试寻求老师的帮助，却被开导"站在顶峰的人都是孤独的"。这一观念看似正确，然而难道不是相约"登峰相见"才是最正确的并肩作战的做法吗？这是我当时没有想到的，也是更多人所忘记的。最后我还是依靠自己的努力，去尝试拥抱自己，去接纳自己不被所有人接纳的事实，尝试去淡忘别人的冷暴力对我的影响，只是做好自己。我会努力去和老师沟通建立联系，不让自己成为同学之中的孤岛，也会为自己打造更为舒适的学习环境。其实一切都是自己为自己创造的，祝愿所有的在奋斗的读者，一路万事胜意，学有所成。

阅读参考

真心才能换来真情

学生时代，除了学习以外，还要学习做人的道理、修炼做人的素养、培育生存的技能、掌握生活的本领。在成人的路上，学生的身份是长久的，而考生的身份只是临时的。认清楚这一点，怎样度过中学生活便有了新方向。

更生正是认识到了这一点，所以选择不断把自我做大做强，在自救的过程中学会与老师和同学交心，展开真诚的情感交流，以真心换真情。

公平是相对的，换位思考是必要的。更生曾经被贴上问题学生的标签，由此引发了她与班主任之间的一系列矛盾和不快，蒙受了教育不公；后来当她又被贴上学霸的标签，被推到学生金字塔的塔尖，便又成了其他同学谴责教育不公的受益者。显然，从不公的受害者到受益者的感受是不同的。这就有必要换位思考，将心比心进行一番自我反思：在某种以学业成绩定性优劣的文化里，这样的不公时常发生，但身处其中的人不能因此就认为理所当然，在顶峰时享受偏爱，在低谷时又谴责不公。如此，才能相互理解，也才能接受某种相对公平。

与人交往，真心一定能换来真情。或许，曾经的苦痛和挣扎是更生难以忘记的，但她"坚守自己的真诚，坚守自己为数不多拥有的友情以及宝贵的亲情"，并在不断的反思中明白，"站在顶峰的人都是孤独的"，但是与人交往，真心一定能换来真情。有时，需要的只是走出自我封闭的小圈子，真诚地站在老师面前，坦然地站到同学中间，真心地表达出来——原本很多的误解和不可谅解，都可能释然。既然可以拥抱自己，何尝不可以拥抱老师、拥抱同学？既然可以接纳自己，何尝不可以接纳老师、接纳同学？你愿意放下矜持和自负接纳同学，同学就一定会接纳你。需要的是你为他们再多做一些事，而不是一味孤芳自赏地"做最好的自己"。

当走过这段时光，再回首的时候，那些矛盾的、挣扎的日子，都成了美好的记忆。那一段纯真岁月里，你付出了真心，也在或多或少、或明或暗地收获了真情。那些相互的伤害，遭遇的不公，只不过是青春路上最稚嫩的风景。那些朝夕相处的善良的人，你曾以诚相待，也曾或远或近、或早或晚地感受到情谊。

每一个人都在这样的时光里修炼，也都在这样的青春里成长。

理科生的文科成功之道

汤　倩

作者简介

汤倩，北京大学软件与微电子学院语言信息工程硕士。高中就读于河南实验中学物理竞赛班。曾获北京大学三好学生、北京大学优秀团支书、杨芙清/王阳元院士奖学金称号。曾多次被邀请为暑期学校学科经验交流英语学科主讲，面向全国三千多名顶尖高中生讲授英语学习方法。

阅读提示

初中阶段，她常年保持全年级前十名的好成绩，中考成绩更是十分优秀，参加河南省名校的单设选拔，考入河南省实验中学，考入物理竞赛班。进入高中后，不长时间，她发现自己对物理学科并不擅长，超前学习无法消化，但是对语文、英语等学科非常感兴趣，总是能取得好成绩。同时，在奋战高考的关键阶段，她的情绪问题严重，学习和生活上受到了重大打击。于是，她身为理科生，任性地单凭喜好选择了语言专业，又经过大学三年的思考和自学，选择了转学电子信息专业考入北京大学软件与微电子学院。"顺势而为"是她的思考成果。

在我看来，我的学习生涯与其他同学多少有点"不一样"：初中就远远离家过上了寄宿生活；高三时，作为理科生的我，凭兴趣选择了文科高考；大学毕业后，又选择了工科专业的研究生。因此，有同学夸大其词戏谑我：文科中理科最强，理科中擅长工科，工科中最好的文科生。

坎坷经历

自我十二岁开始上初中到现在，已经独自在外求学十一年了。我的经历可以用三组关键词来概括：

第一，我是一个"做题家"，一步步通过考试从小地方走到大省会。我出生于河南省的一个小县城，我的家乡也是花木兰的故乡；因为父母的工作，我小学就读于县城的实验小学，初中就读于市实验中学；中考成绩优秀，考入河南省实验中学。本科考入山东大学，研究生考入北京大学。这一路我参加了很多考试，一步步从县城到市里到郑州再到北京，我认为我的能力是螺旋上升的。

第二，我的高考、选志愿和考研并非一帆风顺。高中我就读于物理竞赛班，因为高三时至亲去世，消沉了一段时间，还好有妈妈的陪伴，我努力撑了过去，高考结果不至于太差。为了学喜欢的专业，大学选了文科专业翻译学，却在本科期间发现翻译学专业并非我所想象和追求的。最重要的是我看到了人工智能的时代趋势，翻译学、口译学的实用性越来越低。我坚定地认为，大学最重要的任务是多读与学习看似关系不大的书、多开阔眼界，提高自己探索世界的好奇心和主动性。于是我修了金融双学位、自学基础数学与编程知识。研究生跨考了计算机交叉专业，进入了北京大学。我认为我的经历是丰富的、特别的。

第三，大家可看到我拥有理科、文科、工科背景，对自己的探索可谓比较全面。十二岁开始住校，离家越来越远，我很早就练就了强心脏。我不惧怕改变，有很大的勇气迎接挑战。换专业、跨领域实习，我越来越发现拥抱变化、快速学习的重要性，以及树立自己的长处和技能的意识是多么重要。

在北京大学的求学过程中，除了专注学业，我努力做学生干部工作，在班级里担任班长兼团支书，在社团里当负责人，提高自己的领导力。此外，我根据自己的背景去探索不同的实习岗位，最终找到了最适合自己的工作。硕士期间，我在一家人工智能独角兽公司做过实习，看到技术改变世界的趋势，发现原来只要掌握了一定技术，运用到实际场景中，就可以孵化上市公司。我还去互联网教育创业公司深度参与过创业项目，那段时间每天夜里十一点后下班，每周工作六到七天。虽然后来因为"双减"政策，在线教育不再有创业机会了，但那些非常充实又满怀希望的日子，我仍然怀念。后来，我入选冬奥会志愿者，在首钢滑雪大跳台见证了谷爱凌、苏翊鸣荣获两枚金牌。我在冬奥会期间负责媒体相关的工作，和来自全世界的记者打交道。我不仅用上了自己本科学习的知识，还发现比起在互联网大公司格子间里的生活，自己更喜欢与人打交道，尤其喜欢不同国家、不同文化、不同领域之间的碰撞，喜欢成为一座连接人与人的桥梁。于是在秋招中，虽然我顺利地拿到了 BAT 等大公司的工作邀请，但最后选择去了外企。此外，我研究生生涯的最后三个学期，在科研与找工作的同时，一直在探索感兴趣的领域。经过选拔，我成了北京大学教育学院"明师计划"的首批成员，不仅修了不少教育学的精品课，也一直在北京最好的高中代课，担任模拟联合国社团课的老师。同时经历了两次轮岗实习，在普高与早培进行教育实践。虽然最后我没有留下，但这段时光给了我非常宝贵的精神上的指导，我要像我的学生们那样，永远年轻，永远有冲劲，永远爱表达。这将使我以后的个人发展受益无穷。

我在成长的过程中不停地发现、打磨自己的长处，慢慢地找到了适合自己的职业，对未来也有了期待。但其实，我也有很多茫然的时候，在大公司实习的时候，我会想：这是我最擅长最想做的工作吗？在学校学习的时候，我也会因为周围的同学而焦虑。但总体上，我对自己的成长还是很欣喜的。

从容自信

现在，我想用倒推法、逆向思维法来总结求学经历。我的求学经历可以概括为全才和专才。我认为，基础教育尤其是高中阶段的学习和锻炼让我成了全才，才能让进入大学的我足够从容和自信，可以换赛道，可以不停地探索和努力，慢慢让我成了专才。用船来比喻，我出生在 A，给自己设置了目标要到达 B，茫茫大海有很多条航道，但未来的路会遇见很多礁石，要选择停靠的港口。这个过程需要不停地选择、不停地调整路线。我们要抓住两个关键点：一是确保我们的船有足够的动力，动力来自我们的身体和精神，都要很强壮。二是确保我们心中有目标，有个大方向的牵引，才能慢慢探索，调整路线，或许可以提前到达终点。

有同学会问，我们的目标该怎么制定呢？

我出生在小城市，最开始的目标很简单，就是到更大的城市立足。我父亲的亲弟弟小时候因为家里穷，五年级上完以后就辍学了。他干农活干到十八岁，因为一个乡亲多说了一句话，他便选择了南下深圳打工。那时候我父亲在郑州上大专，他带着没有见过世面的弟弟在郑州转车。我叔叔到处看到处走，父亲还把他骂了一顿。叔叔在深圳的第一份工是挖河，然后是修路、修锅炉，因为年少、机灵，得到了当时的老板赏识，进入了深圳技术学院一所中专学习土木工程。后来他成了土木建筑的工程师、项目经理、总经理。这一路非常辛苦，但他都坚持下来了。后来我们老家也出了几个大学生，有一个电子科技大学毕业的亲戚去了华为公司，在华为打拼了整整十八年，现在是某一款芯片的研发主管，年薪已经是我想象不到的数字了。

所以，我一直以来的小目标就是去更大的城市，锻炼自己的能力，给自己更多选择和奋斗的机会。具体一些的目标是想去高科技公司看看，我也成功地获得了实习机会。但是最后我会选择更适合我的工作，而不是一定要去高科技公司。我不会后悔我的选择，因为已经见过不同的风景，在这一路锻炼出了强大的内心。

我希望大家能在基础教育的阶段好好学习，一是打好基础，锻炼能力；二是磨砺意志，修炼心态。因为走出高中以后，你会发现你的命运就在自己手里，你的每一个成就都是正确的选择、不懈的努力、一定的运气促成的。这背后一定是好的基础在做支撑，高中阶段打基础是很重要的。比如，我努力坚持的长项——语文和英语，对我大学发展有很大帮助。也正是因为我在高中克服了对数学恐惧的心理，才会在大学的双学位数学课上考了90多分的好成绩。此外，我高中期间养成了非常乐观的心态。我意识到"比较"是偷走快乐的贼，所以我从不和他人比较。高三我经历了亲人去世，我没有把这件事当作自暴自弃的挡箭牌，因为我知道人生的路要自己走。我希望给大家打一针强心剂，让大家能在忙碌的高中生活中锻炼自己的心态和能力，这一定会对之后的人生大有裨益。

高中毕业很多年后，在同学聚会上，舍友拉住我说："上高中那会儿，最让我惊讶的就是你。明明是从小城市来的，但是在见识上、在勇气上、在情商智商上，完全看不出是小地方来的。"

她的一番话，让我想起互联网上特别火的段子，"我努力了那么多年，才能和你一起喝咖啡"。而我和别人不一样的是，我从来没有在意过自己在哪里出生、家境不是大富大贵，内心深处从没有因为不是省会的本地人而自卑过，而且从来没有逃避或者抗拒过自己的过去。如今进入社会，每每介绍到自己，我都会从容地提到自己的家乡。

悦纳自己

"为什么人们愿意沉浸在负面情绪中？"因为不肯原谅自己，才一次次对自己进行审判、定罪、判决。当我们进入情绪的低谷时，不要进行自我审判，不要把自己当作无所不知的上帝。越是在情绪的低谷，越倾向于审判自己，越容易对自己说NO。我特别相信一句话"尽人事、听天命"。我们把事情做起来，不去回顾过去的不足，只去展望未来的可能性，把审判权交给上天，自己该做什么做什么。全然接纳自己是我保持乐观的秘诀。情绪稳定的本质，在于能力和欲望的平衡，能力越大于欲望，情绪就越稳定。不要去将人生的成功与某一次的成绩挂钩。对目前的成绩水平保持平静的心情的同时，伸手够一够果实，这样就形成了良性的发展动力。只要今天的我比昨天进步一点，就是好的，我就是在成长的。而成长才是我的本原目的。

回望高中三年，孤独和成长是主旋律。我第一次到离家那么远的学校上学，甚至每个月回家都要坐绿皮火车。第一次学习这么难的物理竞赛，一次次的打击让我觉得难过。原来我这么笨吗？不再有初中时天之骄子的光环，进入高中，生活就开启了激烈的竞争。每次考试，无论大考小考都进行全年级的排名。每次第一考场都坐着年级前50名。这个考场也是大家在下一次考试中最向往的地方。班级排座位也是。学习最好的一批同学先挑位置，再挑同桌，有最大的自由度。每次考试的优秀范文都被批量打印下来，全年级传阅。我还记得高三的一次模拟考，我的语文作文得了满分，一时间轰动全年级，印着我的名字的范文被大家传阅。这本是一件开心、自豪的事情，但后来我像折翼的天使般灵感尽失，作文再难得高分。突然之间，老师和同学的关注不再聚焦在我身上，我有了落差感。后来经过调整，我宽慰自己，有过这样的高光时刻就值得骄傲了，没必要给自己太大的压力和期待，要调整心理预期。

后来的我，经过高中三年的历练，情绪上的起伏越来越少，把起起落落看得很淡，当作人生的体验。我的家人、朋友都说我变成熟了，变强大了。受委屈、遇到挫折是必然的。但我希望大家尽量避免受委屈的心态，不要有弱者或是输家心态。天知道人生有多长！一个人的世界是否丰盈、生活是否幸福全在于他看待世界的方式。这才是我们可以真正掌控的东西。不可避免地，在高中时期，因为最大的目标是取得好成绩，总会因为成绩产生很多不公平、不理解。但我们一定要清楚的是，这世界上没人能做到绝对公平与理解。老师也好、同学也罢，在应试教育体系下都会有一套衡量人的标准。在这种标准下，学习不好的同学受到委屈是不可避免的。但由此产生的情绪，是一种负面的循环。怎么消解掉这种负面情绪呢？不要在意，尽管去做让你成长的事情，去听取正面的意见，让时间解决掉所有委屈，你就能收获最自信丰盈的灵魂。在消解负面情绪之时，我也想给大家一个小建议：写日记。古人治水，堵不如疏。人的情绪也一样，越堵越满，总有一天会冲破堤岸。发挥好写日记的作用，坚持下来会看到自己的成长。

这几年，"精神内耗"常常被人提起，我对这个现象进行了很多思考。时常有朋友觉得自己想得太多耽误了学业。其实是怕得太多，又不清楚恐惧的来源。我个人认为，这和当下流行的教育方式有关系。从小我们就被灌输了惧怕的思维方式："再不好好吃饭就不给看电视""再退步再不及格就打断你的腿"。从小到大推动我们向前走的动力都是惧怕。还记得"失败是成功之母"吗？我们所惧怕的失去、失败、亲人过世等，这些避之唯恐不及的痛苦，是通向我们所能想象的美好结果的必经之路。

这是世界的设计准则和运行方式，新陈代谢是生命和自然的规律。生命是有周期的，生活也是有起起落落的，高中生活何尝不是，哪怕是一次不及格的测试也会为下一次成功带来更多经验。真的没什么好怕的，害怕是一切焦虑的源头，让我们束手束脚。

我希望大家能够完全地悦纳自己，不再否定自己的过去，去肯定和欣赏已有的成就。而每日清晨当你睁开眼睛，都会下决心朝着进步的方向走去。在你的世界里，主角只有你一个人，无论别人怎么跑，只要你自己愿意往上走，你就是你的世界中站得最高的那个人。可能有些同学学习非常勤奋，短时间内在成绩上却没有巨大的收获，这时候他会受到很多质疑："努力有什么用？"甚至会有学生本能地抵制特别勤奋的同学。我想告诉大家的是，努力肯定是有用的（但努力要建立在身体健康的前提下）！努力永远是对的！我希望大家保持清醒，为什么这些同学鄙视努力的人？高考前，有三年的时间，我们的环境都是一样的，我们这群人一直在一个班级里，努力有时似乎不能改变什么，你只能被迫听着周围"努力无用"的言论。但我们要知道的是，一旦迈过了高考这道坎，努力会让你跟不努力的人踏上完全不同的道路。所以不要理会那些打击者，他们故步自封，永远只能困在那一层台阶上，而在高考之后，你不会再和他们相见。尽力奔跑吧！

阅读参考

正确处理全才与专才的关系

高中是基础教育，是每个学生全面发展的重要阶段，自然强调的是通识教育。但在教育现实中，因为高考选拔，学生不得不面对文理分科。

尽管新高考改革提供了更多学科组合的可能性，也无法真正改变全才教育相对弱化的局面。

面对选择，汤倩依然在思考全才和专才的价值，没有放弃在文理选科背景下的兴趣培养和全面发展。这也让她的成长受益匪浅，成为同学眼中小地方走出来的有见识、有勇气且情商智商双高的优秀者。

因此，汤倩给出的建议是：在确保高考取得最好结果的同时，抓好高一这个通识教育的黄金时期，在力所能及的情况下不放弃自己感兴趣的任何一门学科。以全面发展之不变应专业选择之万变，以打牢综合素质之不变，应人才需求之万变。爱因斯坦说过："学生在离开学校时应当是一个和谐的人，而不是一个专家，这应是学校始终不渝的目标。"和谐的人就是全才，学校和学生个体，都应该向着这个目标努力。

处理好文理科的关系。毕业多年之后，汤倩还被同学充分认可，就是在高中阶段较好地处理了文科与理科的关系——她努力坚持的长项语文和英语对她大学发展有很大帮助，同时她也没有因为不怎么喜欢物理，就拒绝物理竞赛……没有泾渭分明地区分文理科之间的利弊，没有刻意亲近或疏远哪一学科，而是尽可能地兼而顾之。如此，健全的学业结构，完善的智能体系，使她同时拥有理科、文科、工科背景，显示出过人的后发优势。正如她自己所说："换专业、跨领域实习，我越来越发现拥抱变化、快速学习的重要性，以及树立打磨自己的长处和技能的意识是多么重要。"汤倩能做到这一点，得益于她对全才与专才关系的正确认知。

相比较，很多学子在分科选科时就有些手忙脚乱，在整个高中学段也没能处理好文科与理科的关系，根本在于没有认识到全才教育的重要性，没有意识到高中学习的基本任务是打好全面发展的基础。

处理好真假努力的关系。进入高中学段，很多同学都会表现出精神内耗、想得太多等心理困惑，原因之一是他们只看到同伴间的竞争，把学习成绩排名看成是竞争结果的展示。过多在意别人怎么看自己，忽视了通过努力悦纳自己。想竞争想得太多，想别人想得太多，因此容易陷入精神内耗，结果丧失自信，认为"努力无用"，实际上，并不是努力无用，而是努力得不持久，努力得不彻底；不是努力无用，而是虚假努力无用。好比种庄稼，同样是一亩三分地，前者努力耕耘，加上后续持久的田间管理，因此大获丰收；后者一开始也很努力，可就是后续的精耕细作没跟上，怕吃苦，不用心，收获凭什么超过前者？

显然，错不在努力，而在努力者不够努力。高考打的是硬仗，真正努力才能赢得这场战斗。真努力与假努力就是评判学习优秀与否的试金石。"真努力会让你跟不努力的人踏上完全不同的道路。"因此，真正的努力肯定是有用的，永远是对的！

失败带来的财富

鱼 米

作者简介

鱼米，北京大学外国语学院在读本科生。同时修学国际关系学院的国际关系双学位。参与了对外汉语教育项目，担任校团委宣调部部长助理，参加国际关系学院的本科生科研项目。

核心提示

写成功的故事很多，但写失败的故事却少见。我们不歌颂苦难，但成功背后的那些失败，或许更值得纪念。他来自河南小镇。家庭遭遇变故后，他将学习当作逃避现实的方法，取得了不错的成绩。但好景不长，高二他成绩下滑。他的乌托邦消散了。他究竟如何走出阴霾？这三年的经历对他来说又意味着什么呢？且听他娓娓道来。

我是一位来自河南省的小镇青年，我在 2020 年以 663 分的高考成绩被北京大学录取，目前大三在读。如果是大一的时候，我会事无巨细地解读高考真题，分析每一个易考和容易考的知识点。但经历了时间的冲刷和大学三年生活的洗礼，那些曾经我引以为豪的做题细节，曾经我可以倒背如流的答题套路，和高考结束那天落下的后备厢车门一起，被一同尘封在了名为"高中"的时间里。

而那些我曾最不愿提起、最无法释怀的事情，却如同沉淀出的粉末，一遍又一遍浮现在我的回忆之中。心理学上有一个理论，人们会偏向于忘掉让自己痛苦的回忆来寻求自我保护，而那些自己内心深处所保留的渴望与需求，则会在不知不觉之间潜入人们的内心，成为影响人们思维的潜意识。而为了掩盖自己内心的害怕或者阴暗面，人们往往倾向于戴上所谓的"人格面具"，来隐藏真正的自我。那么我的"人格面具"，也许就是高考成功赋予我的形象。我以一位已经上岸的成功学长的身份，分享自己的"真知灼见"。但只有我知道，隐藏在这之后的，也许才是真正让我难以忘怀、经过时间锤炼的种子。我想要分享的，是一个失败者的故事。或者说，我想分享的，是关于失败而不是关于成功的故事。

其实，失败有很多种定义，而对我个人而言，它更像是与苦难所关联的近义词。失败和苦难就像是孪生兄弟，对生活不幸的人来说，生命只有一次值得抓住的机会，如果失败了，接踵而至的，就将是难以预料的苦难。而对于争强好胜的人来说，每一次失败，对他而言都是一次苦难。我所理解的失败，包括不能达到自己的预期，通过努力却没有达到目标的过程，也包括在之后所经历的种种苦难。说是苦难，其实有点言过其实，但至少是让人感到难过的经历。

为什么要说失败呢？因为我认为，至今为止，即使是大学生，都缺少如何面对失败的经验与分享。我们所受到的教育都是关于成功者的故事。父母的期望，老师的要求，无一不是针对成功而设定的，似乎在我们展望的那个未来里，失败从来都不存在。它存在于另一个叫作禁忌的黑暗里。如果一个人失败了，他就不再有资格被提起。如果我们失败了，那个光明的未来并不是不存在，只是不属于我们。但是失败并不是没有意义，我很幸运，因为我的高中就在不断经历失败。我知道，它并没有那么可怕，相反，当我经历了失败之后，我才发现，在低谷后重新站起的经历是如此宝贵，熠熠生辉。它让我能够面对高考无所畏惧，也能够面对现实，脚踏实地地走好自己的每一步。

我并不喜欢一些兜售失败与苦难的故事，失败本身不值得吹嘘，即使为失败找寻一百种借口，也无法改变失败本身这一事实。而至于苦难，更不值得歌颂，苦难本身，就是不公平的体现，只要我们还能继续奋斗，就应该用自己的双手来谋求更好的生活，而不是对于所经历的苦难歌功颂德。但不吹嘘失败，不代表不会经历失败，不歌颂苦难，苦难却往往如期而至，在人生的特定阶段，找上门来。我想大家已经听惯了无数个天才与怪才的故事，而我只想作为沉默的大多数中的一员，敞开心扉，来和大家聊聊，我的高中生涯里那些失败的故事。

孔子有句话，叫"己所不欲，勿施于人"。请原谅我不能够找到更恰当的语句来表达我的理解。我想说的是，我向大家所说的，都是我曾经经历过的事情。而这些并不是所谓的金玉良言，只是给大家提供一些思考，当你们即将参加高考而感到紧张的时刻，会想起还有一个人，是这样失败地度过了他的高中，却收获了一个不错的分数。

在学习中逃避现实

我是一个小镇青年，或者再直白一点，我是所谓的"小镇做题家"，只能通过做题来赢得竞争。我高中时期的绝大多数时间，都需要名列前茅的排名成绩，来维护我的自尊与虚荣。然而人们往往只关注事情的结果，却忽略了其产生的源头。我之所以需要用成绩来维护自己脆弱的自尊，是由于一个独特的经历。

在我十五岁那年，我的家庭经历了一次不大不小的变故。一个十分普通的中产家庭遇到了十分常见的财务纠纷，原本蒸蒸日上的家庭因为处理的失误，陷入焦头烂额、捉襟见肘的境地。这次变故不大，不至于让我生活无望，陷入不可改变的境遇。却也不小，足以改变我对未来的所有规划，让一个十五岁的男孩的生活产生翻天覆地的变化。在这之前，我似乎不需要考虑未来的生活压力，我所需要的不过是过着规划好的生活，上下课车接车送，一切由父母规划，父母承担，买房买车，结婚生子而已。但在这之后，我需要面对的，是父母出差奔波，回家后只有一人的房间，是去习惯一个人关掉所有房间的灯，回到自己的床上，一个人定上闹钟，在第二天按时一个人起床后，一个人洗漱、关门、上学的生活。

在那段时间里，学习和考试对我来说，不是压力，而是一种慰藉。在学校有同学和老师的陪伴，而回到家中，却只有空荡荡的房间。因此，我更习惯把生活重心转向学校，每天都在渴求新的知识，老师对我赞不绝口，说从未遇到过如此喜欢学习、如此自觉的学生。但只有我知道，这不过是对于苦难的一种逃避，我逃避了令人沮丧的现实，躲进了名为知识的乌托邦之中。当时的我能够做的，只能是用优异的成绩和排名，来让我的父母感到欣慰，让他们能够着手处理他们的事情，而不为我感到担心。

学习和考试，成了我唯一的依靠，让我能够继续维持自己最低限度的自尊，至少我有优异的成绩，也可以让父母安心、老师尊重。然而，这样的心理，也在我的高中生涯，成了最大的软肋。就如同蚕所细心吐丝围成的茧，在保护它柔弱的身躯的同时，逐渐抹杀了其他的可能性，甚至让它趋于死亡。如果大家有过在河南省上学的经历，也许就能理解我下面所说的话。我的高中生活，并不像大家一样有着丰富的课余活动，而是日复一日地学习、做题、考试、复习。一个人的精神不可能永远高度紧绷，而我也无法始终保持第一名的成绩。我的成绩终于在高二下学期出现了波动，而建立在成绩基础上的所谓的骄傲、自尊，以及我为自己打造的舒适的世界，也逐渐开始地动山摇。这只由我自己精心缝织的茧，最终开始逐渐收紧，让我感到窒息。

当一个人引以为傲的优点不在，那还剩下什么？当时的我，几乎无法面对老师和同学的目光，当我坐下学习，思想无法集中，我的精力全部都在自己的精神内耗中消耗殆尽。我最大的恐惧，并不是来自考试本身，而是对于考试失败的幻想。我无法想象自己如何面对老师的期望，我又该如何回应父母，最重要的是，我就是接受不了失败。在我的学生生活里，我一直都在成功，我怎么可能失败！

直面作为现实的学习

但我确实，实实在在地失败了。原因有很多，但却可以简短概括为一个词：逃避。我面对忧虑，选择的是逃避，原本严格自律的我，就宛如陷入了破窗效应一般，不断地降低对自己的要求。这不是逐渐发生的过程，而是由 0 到 1 的过程。我的自暴自弃是一瞬间的事情。就在我被老师训斥的那一瞬间，我所营造的、精心缝补的自尊壁垒支离破碎。这就是世界结束的方式，并非一声巨响，而是一阵呜咽。在那一段时间里，我失去了前进的方向，维持我学习、自律的最大动力已经消失，我已经失败了，我还能怎么样呢？

但我没意识到的是，失败只是一个事情的失败，它是一个结果而不是一个状态。你无法改变已经失败的事实，但万幸的是，失败的只是这个事情，而不是你这个人。我不断地考试失利，一次又一次地跌破下限的排名，10名、20名、30名、40名。老师都已经不再对我抱有希望。但变化就这样悄悄发生。现在的我，想把这个过程用一个浪漫的词语来描述，叫作"破茧"。虽然我不是蝴蝶，没有那样的美丽，但我想说的是，正是这一系列的失败，让我接纳了自己。而且这一过程，发生得很平凡，并没有惊天地泣鬼神的誓言，也没有幡然的醒悟。它发生在无数次我与母亲的促膝长谈中，发生在我独自思索、寻求答案的夜晚。在这些日夜中，我意识到母亲为了我甚至牺牲了提拔的机会，牺牲了自己的事业，把自己的一生献给了家庭。我发现和我一起学习的同桌，家里刚刚经历过一次重大的变迁，父母离异，父亲每天需要开大卡车还债，而他承受着远在我之上的痛苦，却仍然顽强地确立目标，乐观地生活。这些事情听起来稀松平常，索然无味，但相信我，当这些事情真实地发生在身边，当你意识到和你朝夕相处的人们所背负的苦难与痛苦，和背后他们的顽强生命的时候，一切都会变得不一样。我开始关注我身边的人和事情，我越关注，越发现自己的渺小，我的失败不值一提，而我更没有资格去谈论所谓的苦难。

时至今日，我无法给出一个明确的答案，就是我究竟何时接纳了自己。事情就是这样发生了，我能感受到的是，我心中所恐惧的寒冷，害怕失败的寒冰，逐渐地被温暖取代。我不再害怕我的失败，因为我发现，我害怕的不是失败，而是我所幻想的失败的后果。我原以为我会被遗弃，就像一个失去了价值的工具，被随意地丢弃。但我没想到的是，这并没有什么大不了。我被暖意紧紧地包围，而以这样一种释怀的状态，迎接了我高三最后四个月的备考。

后面就是大家听惯的情节，心态整理好之后，成绩回升，并最终高考蟾宫折桂，取得了满意的成绩。但也许更具有意义的，是这之后的心路历程。

所以为人

历经三年，回过头再来看这段经历，以及高考，心中更多的是平淡。有人觉得高中是大梦一场，而对于有的人来说，高中之于大学，不过是求学生涯里的又一个三年而已。而对我来说，高中的三年，是成长中充满了曲折与磨难的三年。

在我的生命中，有无数的记忆片段，储存在我的脑海之中，这些片段随着时间的消逝，逐渐沉淀，有的也许再也不会出现，而有的就像点点火花，在恰当的时间，出现在我的脑海中，让我感悟到生命的内涵与自我的渺小。让我在倍感人生无味的时刻，忽然间意识到，我所倍感无味的原因，是我生活得太过于浅薄，而未接触到生命的滋味。

戈达尔的《法外之徒》里，有这样一段话："有一种鸟生来没有脚，永远不能落在地上，它御风而起，只有临死的人才能看到那比鹰还长的透明翅膀。慢慢合上时，变得比手还小。"我曾一度以为这只是王家卫电影里的台词，或者是杜撰的传说，直到我知道这样一种鸟——雨燕。"雨燕，又名北京楼燕，因为喜欢在古老的建筑里筑巢而得名。飞行速度极快，最快每小时可达到两百多公里。可以不间断飞行十个月。一只刚学会飞行的雨燕可以从北京飞到南非再从南非飞回北京且中间不休息。雨燕是一种一辈子都不会在平地上着陆的鸟类，它们进食、喝水、洗澡、睡觉甚至交配都在空中进行，只有在繁殖后代的时候才会落在巢穴中。因为生命中绝大多数时间都在飞行，它们的脚已经退化，不能很好地行走和跳跃，一旦落到平地上就很难再起飞。"当我看到这个介绍时，忽然间笑不出来了，我曾以为我应该作为雄鹰一样过活，在天空自由地翱翔，经历过生死的历练，去捕获最伟大的猎物。但人总会长大，总会自己去经历一些事情。我终于意识到，原来我只是一只燕子。一只为了生活奔波，又不甘于生活苦闷，不断冲向风车的，名为堂吉诃德的燕子。

而对于燕子来说，最重要的事情，不在于飞得高飞得远，而是如何去追求自己的生活，筑起属于自己的巢，不是吗？

我之所以用尽全力追求生活，并不是为了被生活追杀而疲于奔命，也不是为了所谓的内卷去杀出个出路，我历经千辛万苦，所想要的，不过是活出个"人"样。对我来说，人生的意义就像西绪福斯的石头，堂吉诃德的风车，海明威钓起来的那个只剩骨头的大鱼。好像有这个东西，但又只是存在而已。如飞蛾扑火般，于刹那中获得存在的幻觉。

高中之后，还会有大学，还会有更远的远方等待着我们。我们追寻着自己的意义，从未停息，无数的人前赴后继，却又不断地倒下，成了前人继续前进的台阶。"古罗马人在宏伟华丽的浴宫中吹着口哨，认为帝国就像身下的浴池一样，建在整块花岗岩上，将永世延续。现在人们知道了，天下没有不散的筵席，一切都有一个尽头。"直到有一天，我的生命也会消散，如云南夏季吹过滇池的风，除了微动的柳叶，不留一丝痕迹。但教育的意义却不止于此，青年总会老去，但总有人会是青年，今年是青年，明年是青年，但十年后，我终会成为三十五岁的成年人，成为这个社会中沉默的大多数。但是，"然后呢"？"但是太阳，它每时每刻都是夕阳也都是旭日。当它熄灭着走下山去收尽苍凉残照之际，正是它在另一面燃烧着爬上山巅布散烈烈朝晖之时。那一天，我也将沉静着走下山去，扶着我的拐杖。有一天，在某一处山洼里，势必会跑上来一个欢蹦的孩子，抱着他的玩具。当然，那不是我。但是，那不是我吗？"我们所做的一切，都有意义。我相信，有一天，北京楼燕，也能找到属于自己的温暖的巢。堂吉诃德也能在风车下面安眠。彼得·潘，会在哭泣的第一千零一个夜晚，摘到属于自己的第一颗星星。

摘下"人格面具" 才能赢得尊严

中学时期争强好胜是少年本性使然，其实争的就是人格尊严。虽然这个年纪对什么是真正的人格尊严，认识远不到位，但是懵懂中对尊严的追求是普遍的——这种普遍有一个通用标准，那就是学业成绩。通常学习好的孩子到哪里都吃香，都容易受人尊重。

鱼米是个敏感的人，他的高中生活经历，让人感觉他对尊严太过敏感，以至于遭遇了很多失败的痛苦，尽管他最终成功考取北大——或许，如他一样的很多人，正是因为曾经经历过这样的失败和痛苦，他们才能最终考取名校。

如此一来，苦难是资本，失败是财富。有苦难做资本，生活就不会陷入无休止的窘境；有失败做财富，生活就没有过不去的坎，高考就不会是无法跨越的障碍。

尽管鱼米似乎并未真正认识到这一点，甚至迟迟没有摘下"人格面具"，但他的表现代表了一大批学子——他们敏感于"自尊"，却也因此常常在不同的失败面前受伤。

如何放下包袱，坦诚面对阳光和现实？

鱼米剖析认为，很多时候不是别人刻意小瞧自己，而是自己内心的自卑在作祟。同样是面对高考的竞争，真正地努力过、拼搏过就是最好的证明，如果能因此拥有较好的选择机会，进入更高的学府，走出更多样的发展之路，这就是成功，毕竟人生很长，幸福人生的路有很多条，我们不能在学习成绩和高考这件事上死磕。

比起自我封闭，西绪福斯的重复，堂吉诃德的自嘲，海明威的无用，都是生活的真实写照。想想每年高考能有几人考入清华、北大这样的学府，又有多少人的工作不是日复一日年复一年地重复？无用之用方为大用，重复也是生活的常态，生活中谁也难免犯傻，可那也许是大智若愚，何必把虚荣的"尊严"看得那么重要？

当然，与鱼米的敏感一样，很多青少年学子戴着"人格面具"的背后，可能还因为不幸福或者破裂的家庭环境。

鱼米的家庭曾遭遇重大变故，平静安稳的日子被打破了，无形中对鱼米的身心带来消极的影响。为了冲淡变故带来的失落感，他把全部心思都放在学习上，尽量延迟滞留在校的时间。即便如此，他还是分明感觉到，内心的不安挥之不去。面对不知情的同学、老师的表扬，他的内心独白是："这不过是对于苦难的一种逃避""这样的心理成了我高中最大的软肋"。这说明温馨的家庭有多重要。后来，还是在与母亲的一次次畅谈中，他的思想慢慢开窍，心结渐次打开。当他得知同桌遭遇更不幸的家庭变故，却表现得十分平静时，他才开始从自我封闭中破茧，走出自尊的壁垒。

鱼米的经历告诉我们这样一个事实，家庭永远是我们生活的避风港和精神的安乐窝。一旦失去这个避风港或安乐窝，不论是暂时的还是永久的，都是人生的不幸。更多案例也表明，家庭和睦，家教好的家庭，其子女考取大学的概率也高，反之亦然。因此，我们需要提醒青少年学子，一定要珍惜与父母相处的日子，珍惜和睦的家庭生活。不要将父母的唠叨置若罔闻，更不要因为玩手机与父母闹得不可开交……

幸福的人生是奋斗出来的，苦难的经历是人生的财富，不要因为虚假的"尊严"和不值钱的"面子"而封闭自己、对抗外界。真正的尊严出于自我的准确认知，成于勤奋努力的未来。卸下"人格面具"，敞开心扉，迎接更好的未来吧！

不妨抬望眼　信步向前

陈红翰

作者简介

陈红翰，北京大学马克思主义学院本科在读，担任北京大学团委机关刊物《北大青年》总编辑助理。曾被邀请为青年领袖特训营青年导师，面向全营成员分享大学生活、学习经历。

核心提示

初入高中，他是带着不用中考的惬意、对自己盲目自信的普信学子。文理分科后，他相信没有物、化、生的桎梏，自己能更轻松地学习，而现实却给了他沉重的一击，从文理分科前的文科第二名一落千丈，到了班级倒数第五名。这次打击也使得他端正学习态度，一改吊儿郎当的作风，脚踏实地、确立目标、不断努力，成绩也逐步回升到前十名。高三后，在班主任的引导下，他提高自己的奋斗目标，继续前行，虽经历挫折、迷惘，但仍从彷徨中找回自我，找痛点、补短板、稳心态、提自信。最终，实现自我的突破，圆梦北大。

2022年6月8日下午五点整，听过三次的铃声第四次响起，现在想来，那应该是我高中生涯的句号，之后的回校收拾行囊以及次日一早的英语口语考试更像是火焰将灭未灭时的余烬。三年光阴的厚度难以用字句衡量，白驹过隙的时光只能取遗尘感怀。从现在的视角回望我的高中三年学习时光，其间的波折、起伏、探索、迷惘仍铭刻在记忆深处，前事不忘，后事之师，向大家分享我的高中求学经历，希望能够给大家带来一些诸如收获、教训之类的启发。

分科：从文科榜眼到倒数第五

我就读的高中是四川成都的一所私立高中，在学校初高中衔接中有所谓的直升模式——在初三上学期通过三次选拔考试，综合选取符合条件的同学直接升入本校高中部，也就是在初三下学期就开始学习高中的知识内容，所以严格来说我的高中阶段算是有七个学期。而在我的高零点五阶段，没有中考的压力，从对初中知识的回顾转移到对高中知识的学习，一切都是新奇的体验。而本身高一上学期的知识就比较基础，老师也照顾到我们从初中到高中学习阶段的转换，所以整个过渡学期我的成绩也都还拿得出手，没有非常勤奋，做题绝不多做，布置多少算多少，周五晚上悄悄在寝室里聚众打《三国杀》，整体来说是比较"逍遥"的。

而暴露问题使我端正学习态度的事情发生在正式进入高一阶段的10月份。当时刚文理分科没多久，我的语文老师打算让我们排练一段课本剧《荆轲刺秦王》，我和另外几名同学主要负责剧目的整体效果。确定主要角色演员、每周组织排练耗费了我较多的精力。在剧目排练终于进入收尾阶段的时候，文理分科后的第一次月考就撕开了我的"逍遥"生活状态。当时的我一直觉得分科之后，没有了物、化、生的掣肘，自己的成绩应该可以更进一步，稳定在前十名的位次，然而出成绩之后，结果却与我自己的预期大相径庭，一下子滑到了25名。班主任也来找我谈话，分析这个月的学习情况，我自省之后发现这个月我花在活动上的心思太多，甚至超过了花在学习上的心思。

这个事件背后的反思点就是抓重点的问题，用矛盾论相关的知识来说，就是在高中阶段，我们作为学生，主要矛盾自然是学习，活动之类的只能放在次要矛盾的位置，我们应该先集中精力解决主要矛盾，将注意力的重点放在学习上，在保障学习的基础上，再积极参加活动丰富自己的课余生活，如果对活动的关注超过对学习的关注，那么就主次不分，本末倒置了。而在弄清楚自己的问题后，我端正了自己的学习态度，不再像高零点五阶段那样逍遥，与此同时我的成绩也稳步回升，到学期末统考回到了校第四名、区第六名。

网课：为自己营造赛博校园

在高一上学期到高一下学期的寒假期间，新冠肺炎疫情突然暴发，一个月的寒假被拉长再到传出上网课的消息。我认为网课期间我的一些学习习惯对我最后能在高考取得不错的成绩有着重要作用。首先是坚持早读习惯这一点，在家里上课和学校上课的环境、氛围终究是不一样的，在校期间老师抓得很严的语文英语早读也放松了力度，从起初要求早读进入线上会议，打开麦克风摄像头认真朗读到只要求按时进入会议室打开摄像头。这样的情况下，有部分同学自然开始偷懒，放弃口干舌燥的早读环节，但我还是坚持着早读的习惯，这也不是说我对早读这一环节有非常难以磨灭的热爱，现在总结下来我的坚持大概是出于我的学生意识，在学校一直坚持的环节如果一下子中断，不管是对我自己一整天的学习连贯性，还是对之后回到校园再适应线下上课的环境，都是不利的，在网课的时间段放弃早读会形成网课时期与前后两个学习时期的剥离感。

然后是对于上课节律的坚持，网课期间的课程安排与线下上课时期还是有比较大的出入，我清楚地记得我的高中网课安排变成了上午四节课、下午四节课，没有晚自习的硬性要求，但是出于跟刚刚提到的早读类似的理由，就是坚持一个连贯的学习节奏，我在网课期间尽量还原在校的课程排布，在上完一天的课程后再加上三节晚自习，来还原在校学习期间的课程节律。坚持上课节律的这一点还体现在我当时把上课和课间划出严格的界限并坚持着。网课期间，大家基本上就是在电脑上看着网课，但是手机还可以自己使用。在网课学习的第一天，我记得当时我们班群里面有不少人在讨论，特别是当有同学被抽到连麦回答问题，大家就会在群里调侃谈笑。当时这样过了一天，我回顾所学的时候就发现有些知识点因为手机分心并不是很清晰，于是我第二天就在上课时把手机放到了客厅，保证上课时候的专注度，当然下课的时候偶尔也会去水水群，聊会天，保证整个人的状态不那么紧绷，张弛有度，且可以和同学们保持联系，有回到学校大家在课间偶尔一起聊天的感觉。通过自律的手段保证上课时的专注度，也尽量接近在学校的学习状态，让我能够在之后从线上转线下的学习中更好地适应过来。也正是我对学习状态连贯性的保持，使得我的高一下学期以及之后的高二学习过程中总体比较平稳。

离别：没有月亮的白兔才能好好欣赏月亮①

在 2021 年的初夏，看着一群人拖着行李，在身旁父母的陪伴下有说有笑地离开校园，我突然意识到，我将要迎来高中生活的最后一篇乐章。进入高三阶段，我养成了正式记录每日目标的习惯，在之前的高一、高二学习过程中，我虽然每天也会给自己定今天要完成哪些作业、复习哪些篇章之类的目标，但其实我的这种计划也只是自己心里的一个粗浅的约束，能完成自然是最好，完不成也就不了了之，将其往后一推交给明日继续。而高三阶段复习任务纷至沓来让我意识到原先心理上的约束的缺陷，我决定将每日的计划落到纸上，写上日期，距离高考的倒计时、自己的目标院校，以及今日在脑中冒出的一句话——多是名言警句或是应景诗词，完成这些布置之后再列上今日需要完成的任务。这项每日打卡小目标就成了陪伴我整个高三学年最有仪式感的事。每次怠惰的时候，我看一眼计划单，我的梦想院校的名字和计划单上的任务就无声地鞭策着我，让我继续迈步前行。到现在我还能想起来当时写在计划单上面的句子，比如："怕什么真理无穷，进一寸有一寸的欢喜""进前而勿顾后，背黑暗而向光明""日拱一卒，功不唐捐"。

说到计划单上的梦想院校，其实我高中三年的梦想院校预设一直是中国人民大学，这个梦想从我大概初二的时候就种下了，所以高一文理分科后有一次班主任让我们班同学在纸上写下自己梦想的大学时，我非常坚定地写了人大，我们班当时后边墙上也有一个类似于梦想墙的设置，

---

① 周国平有一篇寓言《白兔和月亮》，讲的是一只白兔很喜欢月亮，于是诸神之王就将月亮赏赐给了她。但她反而无法平和地欣赏月亮了。此处指，人要是患得患失，反而无法平和地追求目标。

上边有每个同学的名字以及梦想学校和贴历次考试成绩的空白处。然后在高三开学没多久，班主任就把我叫到办公室跟我谈话，他当时问我为什么把梦想院校定成人大，我记得给他的回答是：这是我自初二以来就一直想要去的院校。当时他突然问我，那北大呢？我确实感到一愣，几乎全中国的学生都绕不过清华、北大的赫赫威名，我当时就只有老老实实回答他，说我感觉把目标定高了不太现实，在孩子特别小的时候，大人问长大了想去什么大学，他们都会说清华、北大，因为这两所学校一直被大人们念叨，并且当时年龄太小也不知道到底有哪些大学，清华、北大往往会成为脱口而出的答案。但随着年岁渐长，也不再像小时候那样少不更事，知道清华、北大两所学校背后的厚重，于是就不太敢妄语了。当时班主任就半开玩笑半认真地给我说，小伙子，我觉得你考北大没得问题，你还是班长的嘛，得做好带头作用。并且他又说："取法乎上，得乎其中；取法乎中，得乎其下；取法乎下，无所得矣。"这句话用来解读梦想也是一样的，你要朝着考北大的方向努力，才更容易取得考上人大的成果，如果你仅仅抱着考上人大的心态努力，那么就可能会与你的梦想失之交臂。我当时听了之后觉得颇有道理，想着或许可以冲一下北大，反正自己也没有什么损失。

就这样抱着向上冲一冲的心态，我迎来了成都市第一次诊断性考试，记得考完试后当时生出一种不真实的恍惚的历史感，想起之前各科老师给我们的资料中也有历年的成都市诊断考试题，特别是一诊之前老师为了让我们适应成都市一诊考试的出题风格，集中时间让我们做了好几年的一诊考试真题。当时考完我就很感慨，刚刚在考场上我们经手的试卷，也终将成为后来的学弟学妹用以复习或者适应考试的材料。等到一诊成绩出来的时候，也算是鼓励我继续向前，当时我的成绩在成都市文科排名第97，这也是我第一次知道自己从高一到高三的学习大概在整个成都市范围内的水平，当然仅仅如此的话不论是北大还是人大都还是不够的，于是一诊之后的那段时间我干劲十足，打算再好好巩固所学知识，在第二次诊断考试中更上一层楼。

但是中国民间有句流传挺广的谚语：人生哪能多如意，万事只求半称心。于是我的二诊考试不出意外地出意外了。记得当时上考场的时候还是比较轻松的，但是语文的阅读题就给我整得有点瞻前顾后了，基本上做完一篇阅读进入下一篇阅读，我做着做着就会不放心地回头看上一篇阅读，进入一个恶性的循环，最后语文作文也是争分夺秒才写完。在下午的数学考试中，面对难题时心神又开始慌乱，想起了早上语文考试时瞻前顾后的感觉，也是算完一题不自信，在做下一题时又回头看上一题。无一例外，文综考试和最后的英语考试也陷入了这样的怪圈。当时考完我就知道，这次诊断性考试基本上已经砸了，果然，惨淡的成绩也印证了我的预感，排名一下子跌到了成都市2000多名。班主任找我谈话，让我自己分析这次考试的问题，我完完整整地讲了一遍我的考试心态。他听完之后非常严肃地对我说："你抱着这样的心态去考试，不栽跟头是不可能的，考试就是要一遍过，对前面的题不自信也别马上又回头去看，先把整张卷子完成，再回过头检查才是合理的流程，并且考试的时候一定要做到做一科丢一科，一定不能让之前的考试影响之后考试的心态。"他开导我说毕竟只是一次诊断性考试，现在吃亏总好过到时候高考吃亏，当时我脑子里面就冒出来一句俗语：吃饭吃茶吃亏吃苦，能吃是福，多吃有益。当然也没有劝大家一定要去主动吃亏、凑上去硬要吃苦的意思。

当时走出办公室虽然精神上好受了一些，但整个人还是比较低落。我翘了一节公共自习课，到了教学楼连接五楼与六楼天台的那个平台上，看着晚上的月亮，思考着这次考试的结果，到底是因为我的知识点不牢靠，整个人水平就这样，还是考试状态和发挥的问题？这应该是我上高中以来最大的困惑，当时也没有得出结论，我想着，我或许有实力能够继续往前，那便先向前进。我的朋友当时也安慰我说，就是一次没发挥好，不打紧，三诊的时候考回来不就行了，很简单但有效的安慰方式，我就想着把对自己的质疑先放一边，看看下一次诊断的成绩。类似于毛主席在《论联合政府》里的一段话："他们从地下爬起来，揩干净身上的血迹，掩埋好同伴的尸首，他们又继续战斗了。"当时我也是从跌倒的状态爬起来，忘却上一次的失败与惨痛，投入下一个阶段的复习准备之中。

到三诊的时候，我已经把那套二诊的数学卷子反复做了四五遍，因为对于一个文科生来说，能够决定他的上限的基本上还是数学，而数学又恰恰是我的阿喀琉斯之踵。所幸，在第三次诊断考试时我规避了上次考试的种种失误，虽然还是在数学上遗憾丢掉了很容易拿的 5 分，但是总排名上没有二诊那么惨淡，又回到了成都市第 93 名的位次。这次考试对我来说也还是意义蛮大的，相当于帮助我打破了一段时间的迷惘，让我能够保持一个昂扬的状态去面对最后的高考。成都市三诊之后距离高考就只要差不多一个月了，最后这段时间其实也没有什么波折，就是日复一日地查漏补缺，我的计划单上的数字也渐渐从二十多到十多再到个位数最后归零。最后的四次考试倒也中规中矩，汲取了二诊的教训，我坚定地贯彻了考一科忘一科的战略，以一颗平常心应对考试，最后虽然与我的梦想院校（人大）失之交臂，但也取得了还算理想的成绩。

回望：为了更好向前

回顾我的高中求学经历，我认为自己最重要的优势有这几点：一是对学习连贯性的保持能力强，能够在应该学习时保证学习的状态。二是对老师建议的执行力强，我算不上那种天赋异禀的学生，但是能甄别老师给出的适合自己的建议并立刻执行。三是心态稳定，在经历二诊的教训后，我的整个应考心态得到了极大的锻炼，能够不急功近利地去考试，不会抱着我一定要考到多少分的心态去约束自己，只是用平常心应对每一道试题，把能做到的做到最好。

而与之相对的，我分析自己最主要的不足之处也有三点：一是对待数学难题的钻研精神不足，我对数学的态度一直是"不拉分就行"，所以对压轴题的态度也一直是，能做就最好，能听懂就尽量记下来，如果毫无头绪或者听不懂那就算了。二是我整个人的进取度其实不高，我不会对自己有非常高的期许，基本上成绩前十，过得去就行，包括后面冲击北大的想法也是在老师的建议和支持下才萌生出来的。三是对于学习的积极性没有那么高，容易出现三分钟热度的情况，在复习一个科目时往往开始一二十分钟的效率最高，之后就依次递减了。

这也是我站在现在的角度，对高中生活做出的自我评价。其实，大家也可以回想一下自己在目前的学习、生活中有哪些优势或不足，只有对自己形成更加清晰的认知，才能更好地发挥你的优势，克服一些不足之处，从而取得更大的进步。同时，建议大家在制定目标时，不妨将自己的目标定高一点。首先，高一点的目标能够激发你追赶的动力，让你能够在学习的过程中保持持久的激情与干劲。其次，正如古人所言："取法乎上，得乎其中；取法乎中，得乎其下；取法呼下，无所得矣。"要想实现自己的梦想，就把目标定得高远一些，不妨抬望眼，信步向前！

阅读参考

从他律到自律　成就别样的未来

自律的人生能创造更多价值，自律的学习能出更好的成绩。

这在很多优秀学子身上都有充分的体现。陈红翰便是其中的典型代表——他的高中阶段几乎都在疫情中度过，但他没有因为居家学习脱离学校的整齐节奏，少了老师的管理便放纵自己，在自由的学习时光放任自我，反而在线下线上的学习切换中平静处之，在自我的约束与规划中跟随学校的节奏，在平稳的高中学习中突破自我，最终圆梦北大。

回顾好成绩的取得，学业上的超越，陈红翰的优秀显然得益于超越他人的自律。

不可否认，人都是有惰性的，对于大多数青少年来说，自觉有时候是靠不住的。特别是当他们处在外界诱惑极多的当今时代，面对虚拟世界里的游戏争霸，手机里五彩缤纷的短视频，无人督促监管的在线学习……如何在诱惑面前保持定力，在学习上保持积极态度，在发展中形成健康的节律，考验一个人的心性，也成为一个青年是否能更快走向优秀的关键因素。

但是，人的自律意识与行为都不是天生的，也不是一蹴而就的。普通人的自律，有时候需要借助外在的力量：一种强制性的机制，一种有组织的行为，对其意志力进行磨砺和培养——这个过程一定是痛苦的，甚至是一种煎熬。但碍于制度的约束性和集体的意志，个体的自由意志不断经受磨砺，被迫适应一种不情愿的常态，久而久之也能习以为常，变成一种有规律、有节奏的自觉行为，这就是自律。有了这种自律，自觉行为就不再需要理智来支配，就可以做到顺其自然、水到渠成。

我们不难发现：但凡学业成绩好的孩子都有较强的自律性和自觉行为能力，有超出常人的意志力和对目标的执念。而他们的这种优秀并非与生俱来，往往也是借助外力"修炼"而来的。

具体到学生时代，则有两种表现：一是尊重老师的建议，二是跟上学校的节奏。三年疫情，可以说是对这一规律的集中考验。很多人因祸得福，把握住了这个机会，靠自律一举成名。也有很多原本可以成就自我的人，却因为疫情，少了集体意志与线下班级教学的约束，功亏一篑，名落孙山。自律的人，线上线下学习没有什么不同；不自律的人，离开集体，没有纪律约束，就可能信马由缰，无法自我节制。

陈红翰的高中生涯一直保持着生活节奏的规律性和学业行为的连贯性，实现他律向自律升华，为学业提升提供了基本保障，为突破发展注入了积极力量。

教育之所以有重视德育的传统和共识，其要义就在于给予人们一种他律和约束，经过长时间的他律、磨砺最终形成自律。任正非借鉴学校教育里的他律文化，并应用在华为员工的培训课程中，使其最终收获发展为自律，形成了华为不同凡响的企业文化，成为其在严峻的科技战中制胜的重要支撑。

因此，青少年的学习和成长，需要在学校的管理、成人的督促中，快速地形成积极进取的自觉意识，有规律的学习习惯，在高度的自律中成就更好的未来。

直面打怪升级 攻克三大难题

胡 洋

作者简介

胡洋，北京大学软件与微电子学院硕士研究生在读。毕业于北京某重点高中。大学期间，多次参加科研活动。曾担任校权益部副部长、班级学习委员、电视台干事、北京大学技术传播协会副会长等。在北京大学第三十一届挑战杯中获得一等奖，曾获北京大学校级奖学金、校级三好学生荣誉称号，在全国项目管理大赛中获得个人三等奖。

核心提示

初中背水一战，她考入了理想的高中。高一担心跟不上节奏，结果以优异成绩升入理科实验班。但是她却在这里遭遇了滑铁卢。慎重思考后，她回到了普通班，找到了自己的节奏。对于高中学习，她从时间管理、情绪管理、成绩管理三个方面，给出了自己的答案。

与传说中的清北学生不同，我不是一个打小就引人注目的"牛娃"，既不擅长数理化，也没有什么拿得出手的特长。这篇文章，我想以普通学生的视角，分享我的求学经历，或许没有过人的天资，但却有平凡的坚持。在初中，我的成绩一直在年级中等水平，真正认识到学习的重要性是在初二下学期。发自内心地意识到学习很重要，而不是为了成为家长眼中的"好孩子"，我认为这是一名学生求学生涯的关键转折点，也可以称之为"开悟"。顶着中考的压力，背水一战，我压线考入了当地最好的高中，记得当时只比普通班录取线高两分，算是幸运。我的高中生活也在这一点幸运一点侥幸之下拉开帷幕。高一一年，我都诚惶诚恐，面对动辄成绩比我高几十分的同学，总觉得自己会跟不上大家，于是每科都不敢懈怠，抓住了每节课堂，每个课间。大部分同学还沉浸在中考结束升学的喜悦之中，加之十几岁的青春期好像总爱标新立异，和老师"对着干"，刻苦学习好像并不是一件太时髦的事情，甚至显得自己有点笨。但我总是和自己说：笨鸟先飞嘛。于是坐住了课间的板凳，抓住每个学习的机会。高一的新知识并不难，在我印象中，尤其化学，好像是记忆性知识偏多，比如烧杯如何使用、基本的实验操作，数学是在学集合，所以得益于知识比较好理解，我也尤其刻苦，初入高中的我信心大增，我的努力得到了明显的正反馈，一下子到了班里的前几名。经过一年的努力，我收到了班主任的短信：理科实验班向我抛来了橄榄枝。

顺利进入实验班，我不再诚惶诚恐，我不再是压分考进来的幸运儿，而是带着过去一年年级前列的入场券，我自以为是努力又聪明的那一个。直到我发现了数学的真面目，立体几何、圆锥曲线……让我手足无措。所以，故事的结局并不是我继续刻苦努力，在实验班顺利冲刺清北。现实是，我听不懂实验班的数学课，上课听天书，下课作业更是不会做。在自己还在闷头解题时，同学们已经说出来五六种办法了。在课堂上，一种焦虑感向我袭来，高一一年建立的自信在几周时间内迅速瓦解。我记得，我在一个周末小心翼翼地给班主任老师发了微信，我说"数学课听上去有点困难，我该怎么办"，而带惯了尖子班的老师只告诉我"我上课的内容是面向班里前几名的，听不懂就自己下功夫吧"。在高二的9月份，我陷入了深深的自我怀疑，陷入了听不懂、学不会、不爱学、更听不懂……如此恶性循环。印象最深的是一次晚自习，我面对一篇篇平面向量的数学题崩溃大哭，如今过了七年我依然记忆犹新。这一个月的恶性循环几乎将我努力一年建立的信心击破，碍于面子的我一下跑出了安静的教室，一个人坐在操场，我当时觉得天塌了。无数种质疑回荡在脑海中："我是不是太笨了""我适合读书吗""我这辈子都不想学数学了"……结局不像典型的励志故事——迎难而上，越挫越勇；相反，我做出了退出理科实验班的决定，从家长到原班主任老师、年级主任，这个决定几乎不被我身边的任何人赞同。因为理科实验班好像一块金字牌，能够保你985、211，是冲刺清北的保险箱。显然放弃这个保险箱，不是"聪明"的决定。并不是鼓励大家这么做，而是想让大家知道在感到不适、在确实遇到困难时，能够做出适合自己的选择；我相信每个人都对自己有清晰的认识，我擅长什么、喜欢什么样的教育方式，这些是存在个体差异的。离开实验班，或许这像是一个逃兵般的选择，但我相信也有同学或多或少面临像我一样的问题，比如大到"老师讲的听不懂""上课跟不上"等，小到"这个简单题目我不会，举手问会不会被同学看不起"……我想和遇到这些问题的同学说，不要怀疑自己，请你大胆说出来，去解决问题！不要因为一时的面子上挂不住耽误了自己的高中学习，选择适合自己的学习方式，而不是别人口中最好的学习方式，如人饮水，冷暖自知。

我想以过来人的身份，鼓励每个人思考：学生和学校、和老师到底是什么关系？有不少成绩优异的好学生，会觉得要认同老师说的一切……老师推荐我去参加竞赛，我必须去；学校安排我去火箭班，我咬着牙也要去……老师们的出发点都是好的，但适不适合自己必须好好思考！在我的高中学习中，我和老师的关系更像是老板和员工，那么谁是老板？我认为是学生，清晰地提出自己的诉求，让老师用他的经验他的资源去帮助你。就拿布置的作业举例，一个班里四五十个孩子，水平不一样，如果你每天写作业轻轻松松，反复练习已经做过的题目，你是该暗暗自喜，还是该去找老师沟通一下呢？这个问题希望大家都能想清楚，一个老师，在学校要同时教一百个学生，如果你能抓住机会，勤沟通，及时反馈自己的情况，那么他给你的一定大于1%。

每个人都有适合自己的学习方式，所以高二的我还是坚持回到普通班。时间来到高二下学期，这已经是老师们口中的准高三了，惜时如金，不必赘述。高三更是苦不堪言：情绪崩溃、身体不适；看着隔壁同学拿了强基加分，自招名额，自己手中空空，焦虑至极……这可能也是大家焦虑的来源，就是看别人！他考了托福、雅思，我就要开始背单词；他参加物理竞赛，我也要参加生物竞赛；他报了辅导，我没报，不行不行……情绪也是高中生活的一门必修课。回到了普通班，我的成绩也保持在全区前20名，下面我就分成三大块，结合个人经历与大家聊聊高中生活的三个大难题——时间、情绪、分数，助大家在高中升级打怪，顺利通关。

如何管理时间

何为时间管理呢？简言之，正确的时间做该做的事，利用好每分每秒。读书的时间全心读书，休息的时间也要全身放松。高一的时候，经常是下了晚自习还要把作业背回宿舍写，一道数学题死磕一小时，等到打开语文作业时眼睛已经睁不开了。天天熬到半夜，好像也没干什么，为什么大家都是一天二十四小时，有的同学可以做七八张卷子＋订正改错

+八小时睡眠，有的同学明明很忙却不知道干了些什么，有没有什么高效的时间管理方法可以让我们把一天过成五倍的效率呢？我也开始思考，怎么把有限的时间利用得最大化，总结了几个方法，希望能对大家有启发。

1. 每天除了上课，还有什么时间？

首先，不妨停下来回忆一下，在校的一天都是如何度过的。从起床到睡觉，每一分钟都包括在内。我想大家都不会否认的一点就是有很多时间都是在无形中被浪费掉的。以我的高中为例，能够利用的时间：正常上学时间、晚自习后回家／宿舍到睡觉前的一段时间、没有晚自习而拥有的一整个夜晚、中午吃完饭后到午睡的一段时间、早上正式上课前的一段时间、白天的大课间小课间。我们每天能够用在学习上的时间，既有零散的碎片时间，也有完整的大块时间。而我在高一时，却完全忽略了这些碎片时间，课间休息每次都是聊聊天就过去了，现在想想是不是一天下来就浪费了一个多小时？那么高二的我是怎么做的呢？

我们要做的，就是把这些时间划分成一个个模块，把这些碎片时间也扎实地利用起来。下面我向大家分享一些自己利用碎片时间的小计划：

碎片时间基本就处于正式早读前、早读中、一些课间时间、上床后睡觉前的短暂时间。这个时间你可以用来背书、背单词或者是做一份同步的选择题（它可以是提前预习的章节，也可以是额外买的练习册），把背古诗词或者名著阅读的任务放在你的睡前时间，一方面有利于助眠，另一方面睡前也不适合做太耗费脑力的事情，避免太兴奋了，反而睡不着。反过来，把背英语单词的任务放到早上，比如早读前后，足够完成一个单元的单词背诵，英语和语文的学习重在一点一滴的积累。碎片时间拿来做零碎的背诵任务，是为了不让它们成为额外的学习负担。

2. 做好规划

学习之前最好先给自己定一个计划，学什么？怎么学？多久学完？可以找一张纸提前一天或一周写第二天、下一周的计划，关键在于一定要把计划写出来，最好能够贴在桌面或其他显眼的位置，每完成一项任务在计划表后画对钩，培养执行力。对高中学习而言，学习计划的周期不要太长。最好制订日计划或者周计划，这样可以给自己紧迫感，减少拖延，如果制订的是月计划，很容易拖到月底才开始执行，导致最后根本不能完成计划或者粗糙地完成计划。学习计划要具体、可量化，如果把计划定为明天学英语，后天看物理，这种大范围的计划多半不会执行，即使执行也会选择性、省略性执行。制订的计划必须是能够衡量效果的。例如，早晨六点半起床，六点四十开始背两篇英语范文，中午饭后做完二十道化学题，晚上六点开始完成一套数学模拟卷等。

每天早上花五分钟，计划一天要完成的任务，一项一项写在便笺纸上。这里有个小技巧，大家在开始时不必给自己过多的任务，如果今天的课业较重，我们的清单上第一项就是认真听每节课，听课是一切的基础。在这个基础之上，根据自己的情况安排计划，而不是盲目要求刷多少道题，后者如果完不成反倒给自己过大的心理压力。建议大家从小事规划。比如，上午的课间一共三十分钟，背二十个单词；下午课间回顾一个数学专题。利用好每一分钟，高效地度过每一天，休息的时候自然能够心安理得地放松。

计划的复盘和优化也十分重要。晚上放学前，看看今天的清单，哪里完成得好，哪里完成得不够。想一想，如何优化不足呢？没有完成的地方，是低估了任务量，还是没有利用好时间没忍住和同学去了小卖部？把要改善的地方写下来，作为明天计划反思优化的地方。重视高效的复盘总结时间。每天学习后，都要去总结今天的收获是什么，今天学了哪些知识点，并把新知识点与老知识点相串联，形成自己的知识框架。睡前闭上眼睛能否梳理出新知识在书本中位置？同时，也要总结今天有哪些知识并没有完全掌握，做出标记，方便以后随时复习。最后，还要对自己今天的学习状态做出评价。计划做得再好，不做，也只是一张纸，所以在每天睡前必须做一件事：把今天拖延的事、拖延的原因全部记到计划本上。如果不满意应如何去调整。每天我都会留出最后十分钟去总结，只有常总结，才会常进步。

如何管理情绪

情绪和心理非常重要。焦虑是人人都有的，不要让无关紧要的事和人影响你的学习，学会自我调整。很多同学应该都有感受：考试考的就是你的心态，很多题目考场上怎么都想不到，平时做却一下子就能做出来。特别是高三，考试非常多，压力非常大，这时候就考验你的心理素质，高一每一场大大小小的考试，你都要当作高考来考，提高抗压能力，这样才能相对轻松地面对高考。其实我们每个人的智商都差不多，从一定程度上说，做事的心态决定了你的结果。

1. 敬畏之心不可无

我认为最重要的心态就是敬畏之心，比如敬畏老师的课堂。老师的新解法、新思想往往会在课堂中有所渗透，如果我们草率地认为这节课简单而彻底不听，那损失可是自己的。

这一点可能是许多成绩不错的同学或早或晚都会踩的坑，我也深有体会。现在回看，好像是一种青春期的叛逆与自满的结合，我总觉得老师讲的我都会，英语课我偏偏写数学，物理课我就要背单词……自以为事半功倍其实是事倍功半！因为错过了老师讲的重点，常常课下需要几倍的时间弥补，在课上写的其他科作业往往效率和质量也不尽如人意。反观真正的学霸，从来都是认真听每一节课，对每节课，无论是基础知识还是压轴难题，都怀有一颗敬畏之心。

2.完成比完美更重要

这个问题也是我曾经踩过的坑，大家能不能找到自己的影子？或许是小学、初中时代，我们受到了不少双百、满分的影响，在高中学习中也力求完美，只有考到满分才能满意。又或是每天必须是满分的状态：高质量的作业、全部完成的计划清单、如有一点瑕疵就开始破罐子破摔；再或是，开始学习前必须先收拾好桌子，洗手，吃水果，照镜子臭美……我们总期待自己一出手就是满分，但往往事与愿违，反而造成内耗。现在400分，拼搏一年，上600分，可以吗？当然可以！但是，过高的分数和自己的能力严重不匹配时，会给你带来很强的压迫感，每次考试成绩一出来，挫败感就像滚雪球一样，直接把你打败。正确的做法是：给自己定阶段目标，一点点去碰自己的目标，这样会更有成就感，有了正反馈，才能更好地激励自己努力。

我们在完美主义的陷阱中纠结时，往往浪费了大把的时间，尤其是在高中三年之中，时间是如此宝贵，希望大家都能记住这句话：Done is better than perfect（完成比完美更重要）。这句话我尤其想送给偏科的同学，有的人擅长数学，力求满分，每天和压轴题斗智斗勇，对语文不屑一顾，总成绩不尽如人意，这样的同学真的会吃亏，我希望你们能把完美主义精神放在大学的科研生活中，但当务之急一定是成为"六边形战士"。

人永远不可能做好100%的准备！你得先投入进去，然后再不断改进。计划太多、想法太多，只会让你陷入完美主义陷阱。记住：不是看到希望才去做，而是做了才能看到希望。

3. 处理坏情绪的实操方法

情绪稳定，永远是一个人最强的竞争力。在整个高中学习中，课本知识的学习是一个层面，心态情绪的处理是另一个层面。每个人或多或少都会面临各种各样的焦虑情绪，可能所有同学都面临一个永恒的问题：为什么我努力了，考试成绩还是不理想，我要 emo 了。

有时，是一些外部或者偶然的因素导致了我们的发挥失常，并不是我自身能力的问题。考试成绩并不完全由个人的能力水平决定，不可否认，它会受到运气、状态这些偶然因素的影响，并不能完全真实地反映该阶段的努力成果，所以总会出现这样的问题：我努力了但就是没进步。这种时候该怎么调节？

一是写日记。我一直都有写日记的习惯，平常写日记多数是以反思为主，基本上每天都要复盘看哪些地方做得好，哪些地方还有提升空间。写日记是消化情绪的绝佳工具。焦虑时写下自己的优点，能够特别有效缓解情绪。同理，静不下心时，写日记也能让人脚踏实地。

高考倒计时一百天，每天放学回寝室后坚持写日记，在那种节骨眼上，人处于极度高压的状态，任何一点小事情都会非常影响你的信心，所以当时我做的就是每天记录下我的进步与成就，不管多小我都要找出来写上去，没做好的事一点也不提。这个方法很适合焦虑期，当人本来就处于焦虑期再让他去反思自己的不足，只会加重焦虑，这种时候需要的就是无条件的肯定、自我的鼓励与救赎，每天都狠狠地夸奖自己。我自己也有过这种焦虑的状态，可能平常能想通的道理当时就是不懂，就是觉得自己怎么这里不行那里也不行，整个人完全受到情绪的控制，处于非理性状态。

对于高中的我来说，写日记更像是一种发泄出口，记录或好或坏的情绪，落笔即释放。我非常推荐大家用写日记调节抒发情绪，在每天满满的日程表中抽出十分钟，真的会事半功倍，有种从焦虑中抽离的感觉，大家可以试试看。

二是运动。别小看运动，无数研究表明，爱运动的人往往不容易抑郁，运动能够刺激大脑产生多巴胺，让人处于神经兴奋活跃的状态，坚持参加跑操，饭后散步，和同学打打球……都是非常好的选择。争分夺秒的高三，整天待在教室，没有及时释放负面情绪，而且抵抗力也变差了，一个感冒就要耽误几天。所以一定要注意锻炼，特别是还在高一、高二的同学。跑步、打篮球、打羽毛球、踢足球都行，一定不要舍不得花时间在运动上面，后面高强度学习下发现体力跟不上你会后悔的。学累了，题目做不进去，单词背不出来，到操场上来个三千米，跑完真的神清气爽，瞬间回血。

三是勤沟通。老师、家长从来不是敌人。我想这一点大家都明白，在有情绪问题自己无法解决时，请及时寻求老师、家人的帮助。成绩上不去的时候，主动找老师聊一聊，我想没有老师会不欢迎一个努力上进的孩子，更不用说你的家人，和家人相处的时光本身就是缓解情绪的良药。回想我高中时期，一直住宿，少有去长辈家里看望的时间，总以学习忙为借口，其实就是玩手机懒得动……现在想来得不偿失，作文里常歌颂亲情，但却很少和父母沟通，我想这是不应该的。

如何高效学习？

1. 在学习中做高性价比的事

中学时，我曾是一个沉迷做"完美"笔记的人，五颜六色的笔记，工工整整写在笔记本上，一笔一画地画那些细胞图，各种结构图……然而，完美的笔记并没有给我带来完美的成绩。上课急着抄 PPT，根本不知道老师在讲什么，只顾着笔记要全要好。更搞笑的是，我视若珍宝的笔记本，却很少复习回顾！我想，这就是性价比极低的事情。我逐渐开始减少记笔记，甚至抛弃了笔记本，直接在教科书上勾勾画画，做点标记，一堂课下来，虽然没有什么拿得出手的"杰作"，但确实脑子跟着课堂一整节课，比抄 PPT 累多了。

如此低性价比的事情不在少数，为了所谓的"降维打击"，硬啃晦涩的英文原版书，一知半解读完，在本该冲刺的时候浪费了大把时间。那么什么是高性价比的事情呢？比如，有机化学大题一直是我的弱项，逢考必错，最终我花了一个周末的时间，什么都不干，找出了教材和所有做过的题目，一遍一遍看，回顾知识点，答案为什么这么写？我为什么那么写？差在哪里？拿走答案我还能不能写出来？如此，我用了十几个小时解决了困扰几个月的问题，分数自然提升。再说英语，作文一直是拉开差距的分水岭，大家认为如何做才是高性价比呢？看范文，归纳共同点，模仿！模仿！模仿！这比背大纲词、复杂句型，"性价比"要高得多。

2. 正确地学习

努力学习，不要一味地刷题，而是高质量地做题。计时完成，及时纠错，最好有一个纠错本，一类的题型总结在一起，最后总结出一类方法和技巧；或是整理这一类题的思维导图（对数学的提升真的有很大帮助）；学习和借鉴优秀学生好的学习方法，多和他们交流学习，你会有很多心得和体会。同学之间大方地分享学习材料、范文、好题目……这其实是一种共赢。

不要把做笔记、听课、刷题与努力画等号，把学会了一个题的套路、一个母题的衍生题型搞明白了才等于真正努力。无论是几年级，都可以做这么一件事，把过去一学期甚至两年学的东西回忆一下，并做总结。

简单地概括一下这个内容它会怎么出题，知识在这里被迁移成了考法，以后这就是你做题的工具。

高中学习的确是一场漫长甚至痛苦的马拉松，但这是我们滚烫青春里最沸腾的一章。

阅读参考

化危为机需要辩证思维

胡洋的高中回顾，活脱脱一个"世上无难事，只要肯攀登"的样板。义务教育阶段根本就是一个无名小卒的胡洋，从来没想过有朝一日能成为高中优秀生，更不敢奢望能成为高考的佼佼者。可是，循着她高中三年学业所走过的历程，分明能看出她成长的轨迹：任何一位无名小卒只要肯努力知进退，都可以变得非常优秀。

有哲学头脑的人，喜欢用辩证法看待问题，分析自己的处境，胡洋就是在浑然不觉中培育了这种辩证思维。坏事变好事，"危"中孕育着"机"，这些生活中常见的道理都是辩证法的生动体现。具有辩证思维的人，往往能把不利因素转变为有利因素，在危机中把握机遇，在逆境中寻求发展。当然，这种辩证思维起作用需要一个前提，那就是对标先进，改变自己。正如胡洋所说："面对动辄成绩比我高几十分的同学，总觉得自己会跟不上大家，于是每科都不敢懈怠，努力抓住每节课堂，每个课间。"

胡洋的辩证思维不仅源自自身实践，也从周围同学的学业变化中，得到正反两方面的印证。在别人为中考取得好成绩而沾沾自喜，她却因中考成绩平平，激活了高中学习的斗志，这正是优秀学生的不凡之处。客观地说，很多同学的高一学业远不及胡洋这般出色，就是因为他们缺乏辩证思维。

　　胡洋的辩证思维，还表现在她对待重点班的态度上。通常情况下，只要有机会进重点班，就没有人会自愿放弃，更何况有多少人为进入重点班绞尽脑汁，甚至找人托关系，甚至有的人明知进不了重点班，照样削尖脑袋往里挤。胡洋因高一学业表现优异，排名大幅靠前，高二得以进入实验班。不过，即便如此，她的这一进入实验班的决定仍显草率，尽管这种草率是可以理解的。脑子里并没有对加入实验班进行全面仔细的分析和研判，就顺其自然地做了决定。这种盲目推崇重点班的结果很快就开始显现：上数学课听不懂，课后作业不会做。继而陷入听不懂、学不会，不爱学、不想学的恶性循环，以至于产生"我是不是太笨了""我适合读书吗"等自卑的心态。怎么办？是为了实验班的面子，抑或是为了遵从大多数人的意愿，继续赖在实验班，还是当机立断，毅然决然退出实验班？胡洋做出了正确的选择，实验班好是好，但也有弊端，那就是不一定适合每一个人，对待实验班的取舍应该辩证看待。最终，她顶住压力，力排众议退出了实验班。于是，退出实验班后的胡洋解除了心头的郁闷，很快重回高一的巅峰状态。

　　除了有辩证思维外，胡洋的两个管理时间的小窍门也很值得学习。

　　一是化整为零。说起高中学业，很少有人会说时间很充足，时间够用的。家长要为帮孩子节省时间而代劳原本学生本人该做的，如个人内务攒一周带回家由爸妈做。学校、年级、班级也是恨不得把所有时间都用在学习上。当然，还有的同学喜欢开夜车。仿佛高考成了时间杀手，把每一个高中生的时间财富统统霸占了。以至于，时间紧、时间不够用成了高考备考压倒一切的借口。不过，在胡同学看来，时间多少完全取决于个人对待时间的态度。把每天零碎时间集中在一起，就是不少的时间，完全可以用来干大事。相反，若任其流失，或者胡乱做一些无意义的事，再多的时间也没有价值。积少成多、化整为零，变为习惯、形成规律，就会有收获。

二规划时间。充分发挥时间的效能，必须有计划、有内容、有行动。胡洋的做法是每天一大早，第一件事是列出当天的学习计划，每天最后一件事是，睡前十分钟把当天所学进行全面总结归纳，将所学统统收入囊中。等到月底的时候，就可以做到信手拈来，等到考试时，无须专门复习，知识都会像过电影一样，一幕一幕在脑海里闪现。学习有计划，知识有序化，记忆结构化，学习效能就会顺势而上。

第二部分 学习精术

破解高效密码

英语：Fake it till you make it

小 艾

核心提示

"Fake it till you make it"，作者用一句英语谚语道出了英语学习的秘诀。如何"fake it"？又如何"make it"？作者从单词、兴趣、思维三方面入手，给出了具体而实用的建议。

"Fake it till you make it"，在成功前都假装自己可以做到。这其实是学习英语的一个秘诀，作为一门语言，每个人学习它必定都没有捷径可以走，大家的水平也会参差不齐，但只要你有信心，英语就是最好学的学科之一。胆大心细，就是我们学习的秘诀。

打地基：有选择地记忆单词

即使是 fake，我们也有一部分必须掌握的基础词汇作为"地基"。试想一下，如果你在国外的酒店，你的手机没电了，那么你要怎么询问店员充电的地方——插座在哪呢？如果你知道充电的英语是 charge，你可以问："Excuse me, do you know where I can charge my phone？"而不需要准确地知道"socket"这个词。但如果你连充电是"charge"都不知道，那你就无法给自己的手机充电了。背单词真的很重要，假如在考语文但是你却不认得字，你说能考好不？这里教大家几个小技巧，背的时候要听着单词读，读多了你会发现，其实读音的记忆速度比拼写快。并且，如果你学过音标（自然拼读也可以），你会发现，有些字母组合有固定的读音，如"ph"等。等你背到了一定水平，你甚至可以听音拼出词的大概。

同时，背的同时要看例句，从例句里去理解，会读的话，也可以把例句读出来。这也有助于你"偷懒"，它会帮你记得更牢。不知道大家有没有用过"百词斩"这个软件，其实就是这个原理。背单词不仅仅是把单词记下来，在学有余力的情况下，熟悉同一词根的不同词性、不同时态，同时背诵例句、积累短语，不仅能加深印象，还能把对单词的掌握从仅仅看懂这一层面提升到会用。无论在阅读里它以哪种形式出现，你都认识它。制定一些创造性的方法来记忆单词。例如，创建记忆卡片，每张卡片上写着一个单词和其含义，然后翻转卡片进行测试。另一种方法是制定关联故事，将单词与情境或形象联系起来，这有助于记忆。

对于英语基础较好的同学来说，在单词方面我们还能做的努力是积累一词多义。我在背完《高考英语词汇表3500》之后，就开始背《维克多新高中英语词汇》，尤其是熟词僻义。比如 address 除了地址这一熟义之外，还有"演讲、称呼、说话、解决问题"的意思。熟词僻义和一词多义考查的频率并不低，可能在阅读中出现（这也是很多同学反映每个词都认识，但是连起来就看不懂的原因之一），也可能在完形填空中出现，很多完形题都会有一个或两个空考查一词多义，正确答案往往会是第一个被我们排除的。因为它太简单太熟悉了，我们会根据直觉想起它最常见的意思，然后发现和这个空毫无关系，自信排除，在剩下三个中纠结许久选出一个认为最对的。

将新学到的单词放入实际情境中。尝试在日常对话中使用它们，写文章或短文时也加入这些单词。这有助于巩固记忆，使你更容易在实际应用中运用这些词汇。在学习中的单词其实分成了三类：不认识的词汇是黑色的；认识的词汇是白色的；还有一个是灰色区域的词——即你在阅读中常常遇到，但不知道具体意思和用法的词汇。其实，我们很多阅读、写作的障碍原因恰恰不是认识的单词太少，而是我们拥有太多灰色区域的词汇，它们会成为阅读时的阻碍。当你不知道如何运用这个词的时候，你自然也就无法感受作者在此时选取这个词的含义和精妙之处。所以，我们的命题，其实是如何激活灰色区域的词汇，使它跃迁到白色区域，真正为我们所用。这里我推荐两个方法：第一，可以在随手的单词本、背单词软件中，单独开设一个栏目记录这些模糊的词汇，每天抽时间看几遍。因为词汇本身我们已经认识，要做的只是增加它的曝光度，使得我们的大脑可以快速调取相关的信息。第二，可以尝试在日常生活中尽量地调动这个词，比如 cooperate 这个词，可以在同学小组讨论的时候留一个神，如果用英语怎么说呢？原来我们在一起 cooperate 完成这次作业。将其与生活建立联系，本质上是比单线的中英翻译多了一个记忆点，自然也会更加牢固。

对于进阶的同学来说，还可以尝试直接摆脱中英互译，选择看英文释义，会对单词的使用产生更深刻的理解。

重兴趣：随时随地学英语

我相信大家都有自己的爱好，有人喜欢运动，有人喜欢游戏，有人追星。这些都可以辅助学英语，同时，英语也可以培养你新的兴趣。你喜欢足球，你不好奇足球的"点球"在你喜欢的球员嘴里怎么说吗？你喜欢游戏，会不会想更早玩到你喜欢的公司的新游戏，在汉译版还没出来之前？你喜欢听歌，你会好奇歌曲里的英语是什么意思吗？这些都是我们学习英语的契机。英语是最不怕学"无用东西"的学科，因为我们最后的考试会涉及各方面的词汇、语法，这些都可能在你探索爱好的时候出现。

我真正开始对英语感兴趣是在高中，那时候老师让我们开始了英语原版书籍的阅读，我终于意识到了英语并不是一门机械的语言，而是一门可以像汉语一样灵活表达自己、蕴含文化的语言。之后，我一直有着英文阅读的好习惯。基础入门时可以观看很多动画片，尝试挡住字幕，跟上人物的语速和思考结构，之后，对文学有兴趣的同学可以多尝试阅读一些原版书籍。这种"场景记忆"很有利于我们对单词的背诵、对句法的理解。在读之前，一定要做好书籍的选择，要找到适合自己水平的书籍。如果是入门级别，我推荐大家去看一些绘本类型的书籍，内容生动有趣，词汇量也比较简单。水平再高一些，可以考虑很多小说，比如名著《汤姆·索亚历险记》等，这些积累到了一定程度，就可以阅读自己感兴趣的书籍了，无论是《哈利·波特》原版书，还是一些有趣的言情故事，你都会发现，英文原版书传达的很多意思是你在看中文译本的时候感受不到的。这种兴奋和快乐也是难以言表的。

研究表明，如果你能理解一本英文原著75%左右的内容，那么你的阅读能力和这本书齐平。切记不要有畏难心理，很多英文原版书籍的词汇量、思考量并没有大家想象的困难，反而是在很多小说中，你能感受到英语母语者不一样但又独特的思考、表达方式。在入门的时候，也可以选择一些自己对剧情有所理解，甚至看过中文版、电影版的书籍。

依托于互联网，英语学习可以变得无处不在。还有一个学习英语的秘诀——利用碎片时间。在等车间隙、吃饭途中都可以利用无聊的时刻做一些事情。这种碎片时间的利用既不会占据你很大的时间精力，同时你也可以依照自己的兴趣"玩"，只不过需要使用英文版。我记得我当时很喜欢听英文歌，每次回家的路上都会塞着耳机听一路，无聊地通过歌曲的基调猜歌词的意思，然后再打开看歌词。我很惊讶地发现，在仅仅一周后，我就能够听明白大部分英语歌词了，甚至可以在脑子里"自动翻译"。这就是一种自动化的学习。之后，我一直坚持着听英文歌的习惯，还记得一次考试有一个问题是"r____ the alarm"，需要填一个动词。我焦头烂额地回顾了一圈后，发现自己昨天听的歌里正好有这句歌词"ring the alarm"，在考场上差点唱出来的我是真的很开心。

还记得我做了很火的 MBTI 测试，当时网站只有英文版，我就凭着好奇测完了五十道题。有人知道 N 对应的是什么意思吗？对，intuition 直觉。这后来在很多篇涉及心理的文章里出现。只要保持好奇心，你总能随时学到英语。英语和其他学科不同的地方就在于，它可以作为中介出现在你生活的各个角落，喜欢短视频的同学可以去刷英语 vlog；喜欢社交的同学可以和好朋友创造一个 English Day，那一天只说英语；甚至喜欢发呆的同学可以尝试一下自己对着商标、车牌念英语。总之，英语将成为你和世界联系的桥梁，它也让你看到更精彩的世界。

重思维：运用语言学习规律

学好英语首先要意识到英语是一门语言，它就和我们的母语——中文一样，许多人用它来表达自己。因此，模仿是我们学习的最好方式。地球的另一边有人说着英语生活，你大可以想象自己在和他们一起。比如我之前试过看美剧，老师推荐的《保姆杰西》就是很好的教材，影子跟读法可以练口语和语法，遮上字母可以练听力、词汇甚至阅读。

反过来，我们很多阅读的题目，本质上就是另一半星球的人传递知识、交流的方式。这样理解后，你就能更多地"做得下去"阅读文章了。

你可以更多去思考作者是如何写的。

最后，我还有一个学习的小窍门想分享给大家——我经常用英语自言自语。有很多学习博主总说"英语思维"，有一定的道理。比如"有人打开了门"，英语则会说"The door is opened"。中文很少出现这样的被字句，其实还有很多不同，比如幽默点、我们考试的关注点都不是一样的。你知道9为什么害怕7吗？因为"seven eight（ate）nine"。是不是很无语？中文也有自己的流行文化和思考方式，多用英语自言自语有利于转换思维方式。同时，如果你跟自己说话，想不起一个词不会很郁闷吗？你一定会去查，那么你就又赚到了。让英语成为你的习惯吧！

学好英语不仅仅是掌握词汇和语法规则，还需要培养英语思维，将自己沉浸在英语环境中，从而更自然地理解和运用它。学习英语就像学习一门乐器一样，需要不断模仿和练习。观看英语电影、听英语音乐、跟读英语新闻等都是有效的方法。尝试模仿不同人的口音和语速，有助于提高听力和口语能力。我曾经模仿电影中的角色对话，这不仅有趣，还增加了口语流利度。

阅读英语原著文学作品更是培养英语思维的绝佳方式。你可以从简单的英语小说开始，逐渐挑战更复杂的文学作品。阅读原著不仅能扩展词汇量，还会让你深入了解英语的表达方式和文化内涵。口语方面，参加英语角或和英语母语者交流是提高口头表达能力的好机会。我在北大学习时，就积极参加了学校的英语角，与国际学生互动，分享文化和观点。这不仅锻炼了我的口语交流能力，同时也拓宽了视野。

到英语思维的最终转变，变得如鱼得水的秘诀是，利用英语独立思考。尝试将日常思考、笔记和计划转换成英语。这种方式有助于你在各种情境下更自如地运用英语。我常常用英语写日记，这不仅有助于提高写作技巧，还能记录下自己的成长和思考。将你的生活环境英语化，例如将手机、电脑、社交媒体的语言设置为英语，关注英语媒体、博客、播客，这样你可以随时随地接触到英语。我在大学期间也曾加入英语学习社交平台，与英语学习者交流，分享学习经验和资源。当你遇到问题或者思考事情时，尝试用英语内化你的思考过程。这有助于提高思维的灵活性和英语表达的流利度。当然，一开始可能需要更多时间，但随着习惯的养成，你会发现这是一个有效的方法。

总的来说，学好英语需要付出时间和努力，但通过模仿、阅读、口语练习和将英语融入日常生活，你可以逐渐培养出英语思维，使英语不再是一门外语，而是你的一种生活方式。记住，"Fake it till you make it"这个原则在英语学习中同样适用。勇敢地尝试，相信自己，你会发现自己越来越精通英语，为未来的学业和职业打下坚实的基础。加油！

阅读参考

英语：一门适合自学的学科

教学是一个词，却也是两种相辅相成的行为。显然，在教占据主导地位的语境下，学处于"从属"地位。但在新课改的背景下，从教学目标、过程和结果的整个系统来看，学都是真正的重点，是核心，是提升学习力、发展核心素养的关键。

如今，伴随着教育数字化、智慧化，学校形态与教学样态得以重构，线上无所不包无所不在的学习资源，彻底打破既往的囿于学校物理空间限制的班级授课制，传统的以教为主的教学关系正在向以学为主的学教关系转变。学生借助人工智能学习软件和数字化工具，可以自主获取知识，训练智力。课堂翻转、泛在学习、沉浸式学习、深度学习等正在逐一变成现实。教师不再是教学的绝对主角，而是变成学生自主学习的配

151

角，其主要职责是帮助学生解决想不想学的问题。

英语学科是最适合自学的学科。最新的人工智能语言类学习软件，技术日臻成熟，使用操作也十分便利。当学生在初中学习中具备初步的阅读和听说能力，高中英语学习就可以借助各种线上教学资源和现代化教学手段，比如虚拟现实、人机对话技术，将学习者置于语言学习的情景之中。尤其功能强大的自动翻译软件，不仅可以实现人机对话，还可以帮学生自动纠错，找出语法或拼写错误。音、视频技术，给练习英语听说能力创造了一流环境和优越条件。教师的主要任务是适时答疑解惑，无须一节课从头到尾地讲述。英语教学由过去的主要由教师教，变成了学生自主地学。事实上，本文作者所讲述的英语学习方法，多半都是基于自学的。

除现代化教学手段外，传统自学方法在英语学习中照样可以发挥作用。如日常课堂教学中，表现出积极主动自主学习的态度和作为。比如，课前预习、课后拓展、课中积极发言等。此外，在完成作业的基础上，坚持课外阅读，坚持写英文日记，坚持与挚友进行书信往来，还可以坚持收听收看英语广播和影视专题片等。

找到短期快速提高英语能力的机会。学习语言，语感很重要。语感当然是建立在长期量的积累基础之上的，当到达一定峰值时，就会有一个质变的过程。一旦这样的时机到来，学语言就进入了一种全新的状态：自由王国到必然王国。突然开窍了，或者完全进入了学语言的境界。培养好的语感，一是积极争取量变到质变的临界点到来的时间越早越好，二是要善于抓促成质变的时机。很显然，要做到这两点，还得靠积极主动地自主学习。按部就班地跟着课堂、教材和老师的节奏肯定是不行的。

找语感，需要好的场合和时机。比如，参加英语演讲、辩论、写作大赛，参加英语戏剧、歌曲演出等，即便是听英语歌也可能实现语感升华。另外，有机会要多参加高端英语夏令营，或深度研学游。

说到自学，还可以自发组织校内英语俱乐部，以小组集体活动方式自学英语。积极尝试与别的学校开展校际英语交流活动。创办班级英语小刊物，或寻求担任英语报刊义务通讯员。创办网上英语互助式自学网站，把志同道合者聚拢在一起。或利用网络，线上发起英语学习共同行动，也可以尝试与海外同伴互教互学，你教对方学汉语，对方教你学英语，进而实现人为创造全真自学英语环境和条件的目标。

　　听说优先，写作跟上，让英语学习步入快车道。很多优秀学子总结得出一条通用经验：坚持收听英语广播，可以很快提高英语听说会话能力，很多同学是边听边复述。然后对感兴趣的话题，第一时间与同伴展开英语交流，或者有感而发写成文字贴到朋友圈，或者在小组展开专题讨论，不论是腾讯会议或微信聊天都可以利用。说出来、写出来就是最大的收获，只要互动起来，就是一次表达发挥的机会，学语言就进了一大步。英语听说会话优先还有一个好处，就是能学到纯正地道的英语，把外语当母语学，能有效预防中式英语。在课堂，或通过课文学语法，远不如直接通过阅读和收听收看原作直接感悟和体验，来得更精准更可靠。

　　需要说明的是，单词、短语和语法与文章的关系，就好比是鱼与水的关系，一旦鱼——单词、短语、语法离开了水——句子、文章，就失去了活性。因而，以阅读为中心带动词汇、语法教学已然成为一种新的趋势。这种教学改革的关键就是，把词汇、语法教学融于阅读教学中，让学生在阅读中猜测词义，熟悉语法，进而通过查阅词典，确认词汇含义，通过句了变化、换词游戏，掌握语法规律，同时，根据英语学习更需要输入的特点，在不同语境中，增加对词汇的辨识能力，而不是学会拼写，也是破除学生英语学习困难的一种有益尝试。

　　总之，英语是一门适合自学的学科，只要有机会自学就一定要抓住，也可以积极主动创造自学的机会和条件，不断提升英语学习水平。

物理：从兴趣之火到解题无忧

小 洛

核心提示

　　物理是高中理科学习的重中之重。作者倡导大家从细节入手，在生活中培养对物理的兴趣；以终为始，建立物理学习的框架。同时，物理也是强调基础和能力的学科，需要不断练习。最后，作者给出了七个具体的学习建议，希望对大家的物理学习有所裨益。

　　梦想只有通过自己的努力才能成功，流过汗水，流过泪水，耕耘才会有收获。我从不认为我有多天资聪颖，但我记住了一句话，"你可以用你的一生去上演一个绝地反击的故事"。艰难苦困，玉汝于成，梦想维艰，奋斗以成。

　　在高中阶段，物理是一门基础和重要的科学学科，它不仅为我打开了科学的大门，也培养了我的逻辑思维和实验能力。下面是我在高中物理学习中的一些经验和心得，希望能对同学们的学习有所帮助。

　　当我们开始具体学习一门学科时，首先要清楚我们为什么需要学习这门学科，学了这门学科有什么用，这门学科的重要性在哪里等。特别是要理解这门学科与生活的实际联系。当这门学科不再是课堂上冰冷的、艰涩的文字时，当它在我们的生活中处处可见且能被人想起来时，我们心中对这门学科的兴趣之火也会被悄悄点燃，从而更愿意多去留意，多去思考一些生活中相关的现象。

从兴趣入手　于细节处深思

留意生活中的物理，或许正是这么一个契机点——点燃兴趣火花。曾记得一位老师讲，有一天他带着一家人去公园散步，一个天朗气清的日子里，他看见一只啄木鸟在树上辛勤工作。他的思绪也随着啄木鸟的点头频率起起伏伏。猛然一瞬间，他意识到，这个频率是否过于迅速？如果人按照这个频率摇头，必然会脑震荡。可啄木鸟却没有。那么究竟是为什么啄木鸟的点头频率不会使自己脑震荡呢？带着这个疑惑，他去做了研究调查，写了一篇论文。但可惜的是，他发现已经有人对这个问题进行了研究并做出了解答，因此最终没有发表论文。通过这个例子，我不禁想到了苹果落地现象的事例。大家都知道苹果砸在牛顿的脑袋上，牛顿悟出了万有引力。但我们知道，每天都有无数的苹果下落，而只有牛顿注意到了它们的下落，并对苹果下落这个现象提出疑问，进行探索与研究。当我们用物理之眼去留意生活时，物理知识其实在生活中无处不在，但如何能发现它们，何时能发现它们，需要我们留意并保持一颗好奇且向上的心。

我们从小学便开始接触物理，了解一些简单的自然现象。到了初中阶段，我们学习基础的物理知识，试图用这些知识去理解现实中的问题。到了高中阶段，我们学习更多的物理知识，争取能理解一些更加复杂的物理现象，用物理去解释现象背后更深层次的原因。在这几个阶段，我们所做的工作主要是消化吸收，而非创造创新。我们在消化吸收前人已经建立好的物理大厦中所包含的知识，争取能完全理解这一部分内容，用这一部分知识去解释现实世界，而不是自己进行理论的创新。当我们未用心体悟时，前人总结好的知识如同白粥一般，平淡无奇且无趣。因为波澜壮阔的历史被浓缩成了油墨印刷的不带情感的公式与定义。而当我们真正地浸入历史长河，带入每一位物理学家所处的那个年代，感受他们对物理的执着与追求，感受他们在学术上的争论不休，感受那些伟大的发明与发现时，我们会发现这些知识是多么来之不易，多么伟大。初中学习电学时，会学习欧姆定律。为什么要提起这个定律呢？我总觉得欧姆定律是一个很美的公式。美在两点：其一，欧姆定律形式的简洁；其二，欧姆定律的适用性。只要是电路，都能应用欧姆定律解决一些问题。而我们知道物理学中，很多时候对同一类事情，往往在不同情况下，需要用到不同的方法与公式去求解，是比较复杂的。但一个欧姆定律却能适用于所有电路，也就是说，所有电路的共性被欧姆定律完美地呈现出来了。

以终为始　建立框架

在高中阶段，我们需要从总体的轮廓上明白，高中物理是在学什么，需要具备什么样的能力，以及通过学习与训练达到什么样的水平。

当我们学习高中物理时，我们实际上是在探索宇宙的奥秘和自然界的规律。通过学习高中物理，我们可以了解到许多有趣的现象，并且能够用物理的视角理解这些现象。

比如，在学习力学时，我们会接触到许多关于运动的知识。我们会学习到牛顿的三大运动定律，这些定律告诉我们为什么需要力来改变物体的运动状态，从而通过这些知识来解释为什么球从斜坡上滚下来、为什么经过力的推动物体会加速等现象。

另外，在学习热学时，我们会了解到热是如何传递的，为什么物体会膨胀和收缩等。我们可以通过实验来观察水的沸腾和冷却过程，从中了解到热传递是如何影响物体温度和状态的。

而在光学中，我们会学习到光的传播和折射规律。通过实验，我们可以观察到当光从空气射入水中时的折射现象，学会使用斯涅尔定律计算光线的折射角度。这些知识可以帮助我们理解为什么游泳池里的物体看起来会变形，以及为什么彩虹会出现。

在学习电学中，我们会了解到电荷和电流是如何运动的，以及电路中的各个元件是如何工作的。我们可以通过电流和电压的实验来理解欧姆定律，并且可以通过自己搭建电路来完成一些简单的实际操作，比如点亮一个灯泡或驱动一个小电动机。

通过学习这些知识，并通过实验和练习进行训练，我们能够发展出观察、实验、分析和推理的能力。我们可以运用这些能力来解决实际问题，比如设计运动轨道和机械结构、优化能源利用、解析卫星的运行轨迹等。

重能力　精训练

学习高中物理，我们需要具备哪些方面的能力，并着重在哪些方面进行训练呢？我将其概括为以下几点：

数学能力：高中物理与数学有着密切的联系，需要具备一定的数学基础。例如，能够运用代数、几何和三角学的知识，进行物理问题的数学建模、计算和分析。同时，还需要具备良好的数理逻辑思维能力，能够理解和运用公式、方程的推导和应用。

实验能力：高中物理涉及实验与观察的内容较多，学生需要具备一定的实验操作能力。例如，学习基本的实验室仪器的使用、实验操作步骤的掌握、数据采集和处理等。同时，还需要具备分析实验结果和对实验现象进行解释的能力。

思维能力：物理学是一门注重思考和逻辑推理的学科。学习高中物理需要培养学生的思维能力，使他们能够独立思考和分析问题。例如，通过观察实验现象，能够提出合理的假设并进行推理；能够运用物理原理和规律，解决复杂的物理问题；能够进行抽象和概括，理解和归纳物理概念和理论。

实践能力：与实验能力不同，实践能力指的是高中物理学科强调理论与实践的结合。学生需要通过实际的物理实验和实践活动，加深对物理理论的理解和应用。例如，通过实验学习，能够感受和理解物理规律；通过解决实际问题，能够将物理知识应用于实际生活中。

沟通表达能力：学习物理不仅要求学生掌握知识和能力，还需要学生能够清晰而准确地表达和沟通观点。例如，在解答物理问题时，能够用准确的语言描述问题和解决思路；能够理解和解释物理概念和原理；能够通过口头和书面形式，向他人阐述和交流物理知识。而这一点不单单是学习物理的专属能力，学习每一个学科我们都应该尽量做到清晰地沟通表达。

团队合作能力：在学习物理中，常常需要与他人进行合作，共同完成实验、讨论问题、解决难题等。因此，学生需要具备良好的团队合作能力，学会倾听他人的意见和建议，与他人进行有效的合作，共同推进学习和研究的进程。但是这里需要注意的是团队合作的基础一定是自我独立地思考，先自己进行充分的思考后再进行交流沟通会事半功倍。而且选择性地团队合作，不能一味地依赖团队合作，打消我们独立思考的积极性与能力。

总之，学习高中物理需要有较强的数学基础、良好的实验能力、独立思考和解决问题的能力、实践和沟通表达能力以及团队合作能力。通过培养这些能力，学生能够更好地理解和运用物理知识，掌握物理学科的方法和思维方式，为未来的学习和研究打下坚实的基础。

助力物理"悟理"的七个窍门

接下来，我分几点讲解一些在高中时令我受益匪浅的物理学科学习的方法，希望大家能从中有所收获。

一、养成积极主动的学习态度。在学习物理的过程中，良好的学习态度是非常重要的。要想提高物理学习成绩，首先要树立正确的学习目标，并保持积极主动的学习态度。比如，在学习电路时，我们要理解和掌握基本的电阻、电流和电压的关系，要积极参加课堂讨论，主动思考问题，积极回答老师的提问。还可以参加物理竞赛和科技创新活动，与同学们共同学习、交流和分享，激发对物理学习的兴趣。这样的学习态度不仅能帮助我们更好地消化和吸收知识，也能提高学习效果和成绩。这也就是前文提到的点燃物理学习的兴趣之火。

二、理论与实践相结合。物理学习是理论与实践相结合的过程，只有将理论知识应用到具体实际问题中，才能真正理解和掌握物理原理。比如，学习光学时，我们可以通过做凸透镜实验来验证光的折射规律，亲身经历和实际操作，可以帮助我们更好地理解和记忆物理知识，提高实验设计和解决实际问题的能力。同时，还可以利用互联网和电子资源，寻找与物理相关的实验视频和模拟软件进行实践操作，增加学习的趣味性和互动性。在互联网十分发达的时代，如何利用好互联网帮助自己学习是十分重要的一件事。我曾在高中时代关注过哔哩哔哩上的 UP 主李永乐，他是讲解物理的，内容有趣，讲解形象生动，能扩展思维。希望大家也能借助网络这一良好的工具促进学习。

三、注重基础知识的理解和掌握。物理学是建立在一定的基础知识之上的，只有牢固掌握了基础知识，才能更好地理解和掌握后续的深入内容。比如，在学习力学时，我们要理解和掌握质点的运动规律，如匀速直线运动和自由落体运动的公式以及应用。可以通过做习题、归纳总结和问答等方式，巩固和复习基础知识点。此外，还可以利用图书馆和互联网资源，查阅相关的参考书籍和学习资料，扩展和加深对基础知识的理解。这一点看起来平平无奇，是一个老生常谈的话题，但却是重中之重。例如，当我现在提问，大家还记得牛顿三定律的标准表述吗？电压的定义是怎么得来的？虽然我们会用这些知识点解题，但我们可能确实不太能回答上来这两个问题。一定记住，真正的理解是从定义开始的。

四、建立知识体系和思维框架。物理学是一门涉及多个知识点和概念的学科，而这些知识点之间的关系是相互联系、相互依存的。因此，在学习物理的过程中，要努力建立自己的知识体系和思维框架。比如，在学习电磁学时，我们要理解和掌握电场和磁场的关系，知道它们是如何相互作用的。可以通过归纳总结、绘制思维导图等方式，整理知识点之间的逻辑关系和联系，帮助自己更好地理解和记忆物理知识。同时，还可以尝试将不同的知识点进行对比和类比，找出它们之间的共性和差异，深入理解物理学的内在规律。

五、灵活运用解题思路和方法。物理学习中，解题是一个重要的环节，而解题的过程往往是一个分析问题、寻找解题思路、运用物理原理和数学方法等的过程。因此，要灵活运用不同的解题思路和方法，比如通过画图、列式、化简、类比等方式，帮助自己更快更准确地解决问题。在解题过程中，要注重分析问题的本质和要点，有计划有步骤地进行解题，不要急于求解，要耐心和细致地分析问题，积极思考和研究解决方法。在这部分中，我们会发现物理解题主要依托的是解题模型，老师们会在高中时为我们介绍无数的物理模型与题目模型。只要拿下这些模型，我们的考试成绩就一定不会太差。

六、注重例题和习题的练习。学习物理并不仅仅是理论知识的掌握，更重要的是能够将这些知识应用到实际问题中。因此，要注重例题和习题的练习，通过对典型问题的分析和解答，提高自己的解题能力和应变能力。比如，在学习电磁感应时，我们可以做一些关于感应电流和电磁感应现象的习题，通过实践应用来理解电磁感应的原理和应用。可以选择做一些难度适中的习题，也可以挑战一些较难的高级题目，提高自己的解题水平和思维能力。在解题过程中，要注重思考解题方法和思路，不仅要掌握解题步骤，还要培养自己的解题思维和策略，提高解题的效率和准确性。做题时，我们要跳出舒适圈，做自己不会与容易错的题，避免无效练习。

七、多与同学和老师交流、讨论。学习物理过程中，和同学、老师的交流和讨论是非常重要的。通过与同学们一起讨论，可以互相学习和借鉴，发现不足和提高，形成良好的合作氛围。比如，在学习力学时，我们可以组成小组一起讨论力的合成、分解和平衡的问题，相互解答和补充。与老师的交流不仅可以解决问题，在学习中更重要的是了解老师的教学意图和考点，使自己的学习更有方向和针对性。在交流和讨论中，要敢于提问和表达自己的观点，积极参与课堂活动和讨论，培养自己的思辨能力和表达能力。

我也从中学阶段走过，也知道学习往往不是一帆风顺的事情，我们经常会遇见困难与挫折。想想我们的理想，想想我们所向往的未来，想想我们奋斗的榜样，再多坚持一会儿，你就离你所期待的更近一步了。所以无论如何，咬咬牙，坚持下去，好事一定会发生在下个转弯。

把握学科本质 "三步"学好物理

学科让知识充满了"个性",学好不同学科,自然也需要不同的努力方向。

物理学是研究事实与现象的学科,必须从事实与现象出发,小洛学物理的经验,首先就是从观察开始的。

起步:学会观察。走进大自然,到生活中去观察,就是学好物理的"起步式"。如果学生只是把课本与课堂奉为圭臬,埋头于课堂,扎进书本里再也不想出来,或是把刷题当成是提高物理成绩的制胜法宝,那只能说是学窄了、走偏了。如此学物理只能是应付考试而已。要学好学活学透物理,必须学会观察,从事实与现象出发,在生活中学物理,以此积累感性经验,为理性思维积累素材。

难关:感性经验上升为理性概念。人的感性经验即常识,与理性知识往往是有很大差距的,如果不经思考,凭着感觉走,很可能误入歧途。这就是人们常说的:现象会骗人。因此,要能透过现象看本质,这是学好物理的第二关:从感性经验上升到理性概念。物理学正是在感性经验积累的基础上不断进行理论创新,螺旋式上升发展的。离开感性经验,理性认知就失去了源头活水。反之,感性经验不通过理性思维上升为理论知识,就只能停留在常识。而常识往往是靠不住的。

亚里士多德堪称物理学第一人,他根据观察总结出力学三大定律:越重的物体下落速度越快;力是物体运动的原因;一切运动都会归于停止。物理学后来的事实证明这三大定律有些是错误的,可是这并不能否定它的历史价值和科学贡献。牛顿经典力学肯定是受到了亚里士多德思想的启迪。

物理教学的首要任务是确立一个个正确的物理概念，比如"加速度"这个概念之所以比"速度"这个概念难理解，就是因为加速度距离人的感性体验更远。要知道，物理学史上"加速度"概念是晚于亚里士多德一千多年的伽利略建立的。速度与加速度观念的演进，与一个普通人从小到大，自然成长形成的感性经验与理性认知的过程何其相似。这就是物理学的意义和价值所在，通过学习可以大大缩短这样的认知过程，提前完成常识到理论的升华。

学生常常对物理量的含义理解不了，比如"能量"究竟是什么，老师不得不用"做功的本领"来解释，接着再用力乘位移来解释什么是做功。其实，物理概念不是唯一的，不同的概念往往没有正确与否之分，有的只是优劣之别。目的是用一种方便的言辞组合来解释规律，尽可能把事实与现象背后的规律描述准确，便于后人学习和理解。好的物理概念可以表达广泛的物理规律，说明普遍的物理现象，仅此而已。所以，与其纠结于概念本身，不如参透概念背后的规律。

超越：像物理学家一样学物理。实验是开创物理学前沿的唯一手段，很多时候也是验证物理原理的唯一手段。前边我们已经说过，物理学是研究现象与事实的科学，可是当人类无法直接触及一些事实或现象时，就需要通过实验人为地制造事实和现象来进行探索。实验在经典物理学、近代物理学和现代物理学史上都曾发挥过巨大作用，当代物理学更是一刻也离不开实验。因为，当代物理学正在朝更宏阔的宏观和更微小的微观发展。这些时空领域都是人类感官无法直接企及的，只能通过实验手段模拟探索。

费曼虽然是一位典型的理论物理学家，但他却一直强调实验的重要性。这一点在他的物理学讲义中体现得淋漓尽致："为了发现某种东西，去做一些细致的实验要比引用深刻的哲学论据强。"

当代物理学还有另外一个特点，就是对人类直觉思维和超限思维要求越来越高。道理很简单，因为当代物理学研究的事实与现象越来越逼近极致，深邃到时间的尽头、空间的边缘，逼近无穷小的空间和无穷大的宇宙，几乎囊括宇宙世间的一切。其理论原创越来越逼近人类思维的极限。这时，人类最大的天赋——好奇心与想象力一再派上用场。这一点费曼早就有所觉察："我们知道大的客体的行为将是怎样，但是小尺度事物的行为偏偏不是这样。因此我们不得不用一种抽象或想象的方式来学习它，而不是与我们的直接经验相联系。"于是，想象力创造性成为探索物理未知的不二法门。简言之，超限物理学时代的来临，就是要像霍金那样思考，让思维飞向宇宙的边际；要向量子科学家学习，让思维不断向量子纵深逼近。

化学：熟读课本　重视错题　化繁为简

胡　洋

核心提示

　　各科都不太稳定的她因为喜欢化学老师，立志把化学变成最好的学科。她每天凌晨五点起床钻研化学习题，化学成绩也一路上升。除了习题，她还从课本、笔记、错题三方面分享了自己走过的弯路和经验。无论是已经开始学习化学，还是将要开始学习化学，相信这篇文章都会对你有所启发。

　　我是一名理科生，选考了物理、化学、生物三门，化学是我印象最深的一科。当然，这不是因为我多有天赋。坦白讲，是因为我特别喜欢化学老师。高中生活的确是枯燥重复的，学业压力大，但幸好我们或多或少会遇到良师，与他们亦师亦友，上课从而成为一种享受。不知道大家有没有特别喜欢某一科的老师，学习起来特别有热情。比如上课听讲更积极了，课下抓住机会就和老师沟通，写作业也会优先完成。这一现象非常好，因为你投入这个学科，老师会更加关注你，无论在课上还是课下，与老师的沟通互动也会更多，你的成绩也会一步一步提升，这是一个良性循环。过了这么多年，我回头看自己的求学之路，发现老师和学生是互相成就的。想清这一点，是一定会受益的。

　　当时我的各科成绩没有特别拔尖的，每科发挥都不太稳定，所以我就把目标锁定在化学上，想把它当作优势学科，从而和同学拉开差距，把化学学到最好，争当年级最好。我找到老师，她推荐给我一本练习册，题量不大，我每天都会坚持写。难度大概比平时作业稍高一些，写起来确实吃力。我记得，每天为了写这本练习册，我特意早起一小时，五点多我就在宿舍打开那本练习册，这是专门留给化学的一小时，坚持写这本练习册。这个习惯我坚持了高二一整年，每天早起一小时，白天上课再拿着这本练习册去找老师答疑。我还记得老师和我说"我带了不少届学生，也和他们推荐过这本练习册，但只有你能坚持写完一本又一本"。事实确实如此，那个系列的练习册带我穿越了整个高中化学难点——化学平衡、有机化学、氧化还原……后来那位老师不再教我，为此我还大哭了一场。幸运的是，化学已然成了我最优势的学科，从来没有失误过。好比一万小时定律，我想多花的时间是一定能够得到奖励的。

再展开讲讲怎么学好化学。高中化学，和初中比好像一下子变了一个画风。中考化学背上几十个方程式就万事大吉了，但高中更侧重于自己书写方程式，这要求我们掌握的是方法，而不是死记硬背的公式。学好化学第一步一定是认真听课。第二点可能容易被大家忽略——课本是尤为重要的。在我高三复习那年，把课本翻了几乎不下五遍，对书上的边边角角的知识全部了如指掌，甚至拓展知识我也不放过，要知道书上的一些"非重点"和"拓展知识"也是考试出题的一大来源，但往往被同学们忽视。除此之外，反复回顾课本，也是在一次次复习基础知识。任何一科想拿高分，对选择题、填空题的容错率都是极低的，错一道选择题就无缘高分，而选择题又和课本知识十分相关，基本只要扎扎实实把课本搞透，把该背记的知识点刻进 DNA 就拿下了。回顾课本不仅是保分的关键，也是提升做题速度的关键，属于事半功倍。同时，部分大题的考试内容本质上也是从课本改编的，所以对于课本从正文到脚注都要仔细琢磨。课本上一个典型的工业反应流程，包装一下就变成拉开成绩差距的压轴题。我个人喜欢在大考前把几本必修书全都过一遍，主要看比较薄弱的部分和知识点记忆性比较强的内容，书是越看越薄的，久而久之看的次数多了对书本的熟悉程度更高，自然会加快做题的速度，减少纠结的点，为后面的大题争取宝贵时间。

还有一个问题就是要不要记笔记，笔记如何记。在理科学习上，记笔记一直是一个迷思，我们会发现不少理科学霸，他们甚至连笔记本都没有，相反笔记工整、五颜六色的同学，成绩却并不出彩。我高一时也是坚持记笔记的，老师翻一页幻灯片我就低头猛记，通常是记到一半再抬头又是新的一张了，因为着急记笔记，却忽略了老师讲课，一个学期下来也很少翻开笔记本回顾，到了新学期，笔记本甚至不翼而飞了。后来我逐渐摸索出了适合自己的记笔记方法。首先要明确的是，老师的PPT一定来自教材，我们可以尝试把教材当作笔记本，在教材的基础之上，批注老师授课重点，对不懂的地方进行勾画，上课只要把自己不清楚的东西记下来，有些直接在书上画一下就行，不需要大段文字抄写，这样才能更节约时间，跟上上课节奏，把课上时间留在动脑子跟着老师思考，而不是动笔机械地抄写。

对于正处在高一高二、考试压力还没有这么大的学生，我的建议是：细看课本。化学的考试范围离不开课本，当你把课本上的知识点完全掌握之后，你的化学成绩就有了坚实的地基。多看些关于化学的课外书，多关注热门话题，现在考试有很多都是热门话题改编的，比如近两年的诺贝尔奖、国家最新的科研成果等。此外，多和老师交流。老师与学生是互相成就的，多交流并交换观点，无论是对于老师授课还是学生学习，可能都会有新思路。

准备错题本也是必要的，把自己容易混淆的内容或者经常出错的内容记录在本子上，隔三五天拿出来看一看，看错题往往比做新题有效。回顾错题时，重点看解题思路，直到真正理解，下一个周期重点记忆模糊不清的内容，由此一来，错题记得就会更牢固。虽然是理科类学科，但需要记忆的内容也是很多的，我相信只要复习得快，肯定会走在遗忘的前面。有不懂的问题课下一定要及时问老师，没有哪个老师不喜欢爱提问的学生。课堂上通常是这节课的老师还没走，下节课的已经来了，讲台上还有很多问问题的，所以当你还在因为害羞不好意思或者懒得问的时候，别人已经搞懂了几道题。

马上步入高三的时候，熟读课本是必不可少的，因为化学题极有可能就考那些犄角旮旯里的知识。视野放大，多看看前几年全国各地的高考题目，尤其是大题。一定不要回避创新实验，建议尝试在难题、创新题中寻找课本的影子，便会发现所谓的新概念、压轴题不过是纸老虎。学习之余多关注时下的科研动态，开放思维。平时要做一个有心人，多留意多思考。最后就是刷题，虽然不少学校都在组织题海战，大家还是要根据自己的情况来练题，刷一套题要有一套的效果，光走量是行不通的，到头来该学的知识一个也没搞懂，还浪费了时间，得不偿失。刷题不在"刷"，在于后续的整理和反思。很多同学对错题的理解是有些片面的，认为只有写错的题才需要纠错。实际上，一张考了80分的试卷往往不能代表你的真实水平。比如排除法做对的题目，或者由于其他知识上的误区导致题目碰巧做对了，这些题目都应该引起重视，整理在错题本上。每次除了错题的分析外，最好再加上相关知识点的总结归纳，可以更好地完善知识体系。化学是一门容错率很小的学科，要尽可能避免在会做的题上犯错。重视习惯性错误，平时多练多注意，在考试时就可以提前避免。如果每次都认为自己已经会做只是粗心的话，久而久之反而会改不掉错误的习惯。最后，不必因为模拟考试的分数影响心情，那些题往往是练习题，和高考的考查范围不太一样，按照自己平时复习的节奏走，不必把分数看得太重要，每次考试多关注自己的错题点，争取下一次不出错，考查的题型都能理解就够了。

吃透课本　才能学通化学

学生时代，因为喜欢老师而喜欢上某一门学科，因为喜欢某一门课而喜欢上其他学科，进而喜欢学校，喜欢学习，最终实现综合发展全面成长，这样的学子并不少见，胡洋就是其中的杰出代表。

但也有不少人因为没有把喜欢老师、喜欢某一门课的倍增功效发挥到最大，反而因为喜欢某一门课，就只用心学这一门课，对其他课不"感冒"，进而导致严重偏科，这既不符合五育并举、全面发展的要求，更是一种不可取的偏执行为。

如果说喜欢老师是喜欢学习的前提，那么如何建立良好的师生关系就成了高质量学习的前提。在胡洋看来，老师是否喜欢你固然重要，但更重要的是你是否喜欢老师——那就要多在老师身上找优点，哪怕是很小的一点，都可以作为喜欢的理由和依据。同时，接纳老师身上所谓的"缺点"，暂且把它当成是一种风格、一种个性化的表现。

其实，建立稳固的师生关系，最有效的办法就是多与老师交流、谈心，多向老师请教。不仅学习要好，而且为人要好，思想品德行为习惯也要好。这样的学生也会赢得老师发自内心的喜欢。

从心理学和情商角度看，欲产生喜欢老师的感觉，应该多一个视角，监测自己的情绪和想法；多一层思考，用理性思维战胜习惯思维；多一分智慧，以感激之情、感念之心，坦然接受老师的管教与引领。面对老师的批评或处罚，正如《小王子》一书中所说，"珍惜那些对你好的人，他们原本可以不那么做"；多一点行为，跟随老师的步伐，你会发现老师对你的欣赏越来越多，你也越来越喜欢老师！

喜欢老师，不仅是学生的美德，更是学生的一种智慧！

亲师则信道，信道则研本。这个"本"就是你所喜欢的老师教学的教材，也是学生学习的课本。

课本是最权威的教科书，比任何一种教辅都具有权威性。可是，现实中总有学生或家长热衷于买参考书和解题集。教辅练了一本又一本，题集做了一套又一套，成绩照样上不去，根本原因就是课本没吃透。课本没吃透，解再多的题也没用；把课本学扎实了，考题再怎么变，都不怕。

这是胡洋的切身经验。她以接近满分的数学成绩考取顶级名校，可是数学曾经是她最薄弱的科目。学科逆袭的根本，恰恰是在喜欢数学老师的基础上，把高中所有数学课本从头到尾，扎扎实实看了一遍，看懂研透，然后进行定量练习。

吃透课本，胡洋的"三遍读书法"很实用。第一遍，整体通读；第二遍，重点理解；第三遍，综合记忆。

同她一样，还有一位北大学子也给出经验之谈：学习语文，吃透课本，基本能掌握怎么分析一篇文章，怎么总结主题，怎么理解一段话的含义，还能促进作文写作，对于其他课外读物和参考资料，才能更好地消化吸收。

以喜欢的姿态，吃透课本，是学好的基础，也是关键。学业上的逆袭，往往就是从"本"开始的。

历史的唯一性和非唯一性

更 生

核心提示

历史史实具有唯一性，但对历史的研究和理解却有非唯一性。学习历史学科，需要掌握历史的这个特征。重要的不是把知识全部记下来，而是建立一个完整的历史框架，带着正确的历史观来学习历史。作者从日常学习入手，强调了兴趣、自律、系统性学习、基础知识积累、探索精神、自主性、查漏补缺和历史观形成的重要性。

历史这门学科，既展现其唯一性，又蕴含着非唯一性。在探寻历史的长河时，我们深知历史事件的发生有其独特的背景与原因，但对其理解与解读却因人而异，充满多样性。因此，在学习历史的过程中，我们不仅要了解史实，更要培养一种全面、深入的历史观。在系统地学习历史之前，最重要的是掌握该学科的学科特征。重要的不是把知识全部记下来，而是建立一个完整的历史框架，带着正确的历史观来学习历史。"学而不思则罔，思而不学则殆。"高中历史的学习，需要科学系统的方法指引，不仅要多思考，好总结，还离不开脚踏实地的坚持和努力，夯实基础，就是能力。下面，我简单分享一下高中历史学习的心得和方法，希望给大家一些参考和启示。

在我看来，学习历史的首要任务是掌握其学科特性。这并不意味着我们要死记硬背所有的知识点，而是要建立一个清晰的历史框架，用正确的历史观来指导我们的学习。正如古人所言："学而不思则罔，思而不学则殆。"高中历史的学习需要我们用科学、系统的方法去指引，既要勤于思考，善于总结，又要脚踏实地，持之以恒。历史是分为两部分的，所以我们要重视基础知识的掌握，以及最后在我们的提高过程中需要有一个题型的提炼。基础知识是历史学习的基石。我们要重视课本的学习，无论是最初的接触还是后期的复习，都要反复研读课本，确保对基础知识的掌握。同时，我们还要学会放大历史的脉络，把握历史事件之间的关系，从而培养整体的历史观。我们可以借用历史长河中的一次重大事件——鸦片战争，来构建学习框架。这场战争不仅是近代中国历史上的转折点，也是东西方文明碰撞的缩影。通过深入研究这一事件，我们可以理解到历史发展的脉络，掌握历史的因果关系，从而形成正确的历史观。在学习中国古代政治制度时，我们可以从秦朝的三公九卿制度开始，逐渐推进到唐朝的三省六部制，再到明清时期的内阁和军机处。通过对比和总结这些制度的异同，我们可以更深入地理解中国古代政治制度的演变过程。作为基础知识，要重视课本，无论是最初的学习，还是最后的复习，都要反复打磨课本，这可以帮助我们牢固地掌握历史基础知识，更好地梳理历史事件之间的关系，在学习历史的过程中培养整体的历史观，能够放大历史的脉络也是学习历史的基础方法之一。

在应对考试时，我们需要针对不同题型采取不同的策略。选择题要精确把握每个选项的出处，深入分析问题内容，通过思考锻炼我们的历史思维。而主观题的解答则需要结合材料情境，掌握答题模式，如分析历史事件的影响等。在具体的考试和做题中，首先要把握题型，然后正确地进行练习。应该精于做选择题，在做历史选择题的时候一定不仅仅是刷了一遍，我知道哪道题是错的，或者我哪道题是对的。这种情况，可以说是我们在学习历史的过程中，浪费了时间。我认为在进行历史选择题的练习的过程中，更要把握每个选择题的答案的出处，好好分析问题的内容。我们可以选择某一具体的历史事件，如辛亥革命，分析相关的选择题。在做题过程中，不仅要关注答案的正确与否，更要深入探究每个选项背后的历史依据，从而锻炼我们的历史思考能力。分析的过程是思考的过程，这样我们的思考能力才能得到一定的锻炼。

主观题的解答需要思考给出的材料的情景。同时，我们也要背一些历史的具体答题模式，比如它的影响，可能有什么积极的影响、消极的影响，有具体的答题模式。然后，在把握这一规律的基础上，结合具体的情境材料，完成主观题的解答。以"二战"为例。"二战"是 20 世纪最重要的历史事件之一，其涉及的国家众多，事件纷繁复杂。通过反复研读课本中关于"二战"的章节，我们可以掌握"二战"的基本史实，如战争的起因、过程、结果等，从而牢固地掌握历史基础知识。我们也可以选取一段关于某一历史人物的描述，如孔子的生平事迹，然后根据材料分析孔子的思想及其对后世的影响。在解答过程中，我们需要结合所学的历史知识，对材料进行深入的解读和分析，从而得出合理的答案。

除了考试技巧，我们还需要在日常学习中不断提升自己的历史素养。这包括培养对历史的兴趣，通过观看历史纪录片、阅读历史书籍等方式，让学习历史变得更加有趣和生动。同时，我们还要注重基础知识的巩固，善于构建知识体系，从多个角度去理解历史事件，加深对基础知识的理解。日常学习是构成历史学习的主要方面，也是个人历史学科素养和能力发展的重要过程。我认为，日常的历史学习必须从以下几个方面出发：

重视历史学习培养兴趣，用热爱成就进步。高中历史不应该是枯燥的学习。保持对历史的兴趣和热爱，不要把历史狭隘地作为应试学习的工具使用，要"苦并快乐着"，让吸收知识变得快乐。观看历史的纪录片（《大国崛起》等）、电视剧（《觉醒年代》等）阅读相关书籍（《中国通史》

《世界通史》等）等，培养兴趣的方式多种多样。无论如何，历史是一门有趣的学问，值得探究。巩固基础知识，历史是一门需要基础知识的学科，所以基础知识一定要掌握。基础知识是指记忆基本的史实、时间、历史关联（背景、影响）等，也包括术语的积累和理解（国家的同质性、宗法分封制等）。在日常学习中，一定要注重基础知识的巩固、概念的区分理解，力求做到"滴水不漏"，做到全、细、精。作为巩固基础知识的方法，我推荐以下几点：

首先是系统学习，善于构建知识体系，求"全"。系统化学习是掌握基础知识的重要途径。我们可以通过制作思维导图等方式，将知识系统化，从而全面、深入地掌握基础知识。此外，我们还要重视笔记的整理和积累背诵，这有助于更好地记忆和理解历史知识。近年来，大学入学考试的真题和模拟题有脱离教科书的倾向，但解题需要一定的知识，所以无论什么题，都要牢记历史教科书的知识。我们可以以时间为线索，将中国历史划分为不同的阶段，然后对每个阶段的重要事件进行梳理和总结。此外，还可以采用对比的方法，将不同时期、不同国家的历史事件进行对比，从而发现其中的异同和联系。以前的人民版教科书必修一、二是在政治、经济、文化三个方面进行阐述的，新版教科书将这些内容进行了整合，按地区进行阐述。参考教材的编写方法，打好基础，在学习结束后，从政治、经济、文化或者中国和世界的角度进行总结复习，学习效率和对知识的掌握程度都会提高。还可以以时间线和发展过程为线索构建知识体系，如中国儒学的发展、西方资本主义经济发展历程等；也可以以特定时期为主题，从经济、政治、文化等多个角度，以中国古代民主时期的特征进行学习；或重视中外的横向对比，挖掘历史渊源，如近代西方与中国明清的对比与渊源（提供关于"渊源"的思考方式，如可以探究大西洋新航路开辟、殖民地扩张与明清商品经济发展、政府政策等之间的联系）。还有其他制作思维导图的方法，只要将适合自己的知识系统化就可以了。但是，知识系统是动态的，会随着学生的学习而更新、进化，所以要反复构建思维导图，有意识地从各个角度构建知识体系，有助于加深对基础知识的理解。

系统化学习的好处是，可以比较全面地掌握基础知识，加深系统理解和运用基础知识的能力，培养历史、唯物的分析能力和关系观。

其次要重视基础知识的笔记整理和积累背诵，做到"细"。这不是好高骛远，而是直面现实。这里需要背诵的要点有很多，其中需要特别注意的是教材的专业化表述。运用简洁、专业化的语言解答问题也是学生历史能力的重要体现。同时也要注意一些概念的区分，如家国同构、家天下与家国同治的区分、宗法制与分封制的区分、艺术自觉与艺术自发的区分等，这些出现在选择题的选项中成为易错点。把这些术语和意思写在专用的纸上，多看几遍就好了。此外，还必须具备拓宽知识面的意识。史实和专业术语可能在教材中没有提及，也可能在所选教材中不被重视（例如孝文帝改革的时期、背景、内容、影响等），需要通过其他方式学习。

最后，以刨根问底的探索精神追求"精"。多问"为什么？"，多思考历史事实的背后关联，放在特定的时空去理解，深入理解专业术语的概念内容。不是"半解"，而是在深刻理解的基础上记忆，多联想思考，在大问题上正确运用。通过小组讨论、与老师商量、查阅资料等方式加深理解。

要跟上老师的步伐，掌握学习的节奏。课程是历史学习的重要部分，所以必须十分重视。要配合老师的教学安排，有计划、有节奏地安排自主学习任务。重视科学的提炼，保持问题感。怎样做才能解决问题呢？请不要相信简单的熟能生巧的谎言，刷目的性的问题才有效果，可以更好地提高自己的做题能力，打磨模块性的题目。需要经常了解自己哪里好，哪里不好，我擅长哪种类型，不擅长哪种类型。而且，我不擅长的类型是我刷题的重点。这样一来，既能减轻自己的负担，又能腾出时间去攻克自己不擅长的部分，以较少的问题获得更多的东西。然后再根据自己对学习的、现在的整体情况的一个大概的掌握来做题，这样可以更快更有效地提高自己的学习水平。

举一反三也是必要的。我们都知道应该做融通性的问题，否则，我们在遇到下一个新问题之时也许还是不会，我们需要培养自己的思考能力，学会自己思考问题之外的可变性。当然，也有人认为刷题是万能的，只要刷题就能提高成绩，这种极端的想法是错误的。刷题不是机械地做，也不仅是有战术地做，而是量和质并重。刷题的"量"要适当，不要占据过多的时间。要回到教材，巩固基础的知识。另外，打磨问题也需要"质"。并不是什么问题都有磨炼的价值。高质量刷题，要讲究两点：一是问题的源头，多找高考真题刷，因为高考真题比通常的试卷题目严谨，争议性较低；二是刷题方向，应该重点抓住自己薄弱的题目进行训练，这样才能有效提高自己的能力。

重视整理错题，仔细回顾。有效地整理错题，对于提高历史学习的效率也是很重要的。要有个错题整理本，把自己认为有价值的问题剪下来，写上原因、对应的知识页码、术语的补充解释等，尽量简洁，及时回顾整理。另外，要保存好原来的答题纸，把做错的题和考场上有疑问的题做上标记，标注知识点，并对答题纸进行分类整理（例如：练习答案、周考、月考）回顾，也可以复习。遇到不懂的问题多向老师或同学请教，并及时总结反思。

最重要的是历史观的形成，具有唯物的历史观、辩证的思维方式。基于史实是历史学科的特征。我们必须更多地把握史实，尊重史实。这是我们解决历史问题的方法，也是我们成绩提高的前提，这就是把握教科书中史实的"唯一性"。

在学习的过程中，我们应该养成从具体的历史背景出发，在特定的历史条件下分析和评价历史问题的思维习惯。另外，历史也是一门丰富的社会学科，涉及政治、经济、外交等重大活动和不同时期的科学技术、思想文化等，所以在学习中我们一定要注意中西结合，也要注意它和其他学科的结合。看任何事件都不能脱离具体的历史背景和世界历史大背景。

总之，学习历史是一个既有趣又富有挑战性的过程。通过掌握科学的学习方法，培养正确的历史观，我们可以更好地理解和把握历史的唯一性与非唯一性，提升自己的历史素养和能力。要提高历史素养和历史能力，归根结底还是要靠艰苦努力和认真学习，找到适合自己的方法。希望以上的分享能给在历史学习上有困难的同学们提供一些参考。

阅读参考

"走进"历史 才能学史增信

毫无疑问，历史属于过去。但要学好历史却要"走进"历史——不是让你穿越时空回到某个历史时刻，也不是借助虚拟技术让你身临历史场景。而是将自己的灵魂和精神融入历史，情感和价值回归到历史中去。这是更生历史学习的经验之谈，她提出学历史要兼顾唯一性与非唯一性，不管是从学业角度看还是从融入历史、回归历史角度审视，都有其可取之处。

客观题的解答具有唯一性，比如历史事件相关的时间、地点、人物等，答案肯定是唯一的。这一类知识的识记，适用于图表，纵向为时间，横向为地域、国别，把历史轮廓勾画出来。把杂乱无章的历史事实，归整到一张图表上，随手翻阅背诵。而主观题的作答，则要用到历史研究、大概念等方法，答案就不是唯一的，要求有独到见解和个性化看法。所以，更生一直反对在历史学习中大量刷题。

新时代背景下，学好历史更有时代赋予的特殊意义：树立文化自信、讲好中国故事。要推进国际传播能力建设，讲好中国故事、传播好中国声音，向世界展现真实、立体、全面的中国，提高国家文化软实力和中华文化影响力。

中华文化的历史自信，源自她的源远流长和博大精深。学子应该把五千年历史了然于胸，不论是平时课堂发言，抑或是主题演讲，讲中国故事都能信手拈来，娓娓道来，就像中央民族大学的蒙曼讲传统文化，北师大的康震讲唐诗宋词一样。

以更生的学习经验，她建议"以赛促学"。目前，针对高中生的历史赛事——"燕园杯"中学生历史写作比赛值得一追。活动由中国社会史学会主办，北京大学历史学系、复旦大学历史学系、南开大学历史学院、东北师范大学历史文化学院担任学术指导单位。此项活动通知开宗明义："为了响应我国复兴传统文化战略，提高青少年的历史文化素养"，举办方希望通过此活动使学生"仔细品味家庭的陈年往事、家乡的风土人情，学会关注历史，探究历史真相，以旁观者的视角、局内人的体验来感悟和还原身边的历史，追溯自己的血缘、学缘和乡土发展谱系，明晰自己在历史长河中的角色与使命，能主动承担起家庭、学校、社会乃至国家赋予的社会责任"……

从往届获奖师生的感言中，也可以看出这项活动对于学习历史的巨大促进作用。西北工业大学附属中学学生马旭说，活动让他学会了用历史的眼光看待生活。在写作过程中，他经历了各种历史学的环节：查找材料，走访当事人，近距离考察城市。不仅收获了对城市的历史认知，更增加了"对自己城市的热爱"。山西省太原市小店区第一中学学生朱钰炜说，历史写作帮我们走出课本、走向社会，"把历史放到了有血有肉的人和事上，它让我们与历史有了真正亲密的接触"。山东省临沂市商城实验学校学生杜汶诺说，活动让他认识到什么是"做真实的自己，做真实的学问"。湖南省长沙市雅礼中学学生胡军哲则切身感受到："历史就在身边，我们就生活在历史中！"这样的活动经历给每一位参与者学习历史来了一场心灵洗礼。

新颁布的义务教育历史新课标指出，历史课程要培养的核心素养，主要包括：在唯物史观的指导下看待历史；在具体的时空条件下考察历史；初步学会依靠可信史料了解和认识历史；学会利用史料实证、历史解释有理有据地表达自己对历史的看法；增强对于中华民族的认同感和归属感，对传统文化和新中国取得的伟大成就的自豪感，同时拓宽学生的国际视野，引导学生树立为实现中华民族伟大复兴的中国梦而不懈奋斗的伟大志向，形成深厚的家国情怀。因此，学历史不单单是学历史知识，而是建立起大历史观，把所学转变升华为文化自信和文化自觉，这就要用到大概念式学习。在更生看来，中学生没有建立起这样的学习观，要学好历史，难！

"大概念是指那些能够将分散的知识、技能、观念等联结成为整体，并且赋予它们意义的概念、观念。"纵横一万里、上下五千年，古今中外浑然一体。学历史更多用到的是大历史和综述法，而不是拘泥于细枝末节的分析。既要向历史的纵深寻根究底，又要切实观照现实。历史与现实的交织，中外、东西对接，这是通向大概念历史的途径。中国文化走向世界，世界文明兼容并蓄，这是大概念历史的目的。为此，新课标明确提出"引导学生初步树立正确的历史观、民族观、国家观、文化观"。

运用大概念对教学内容进行整合，统合研修历史的方法论，建构大历史知识体系，形成对历史立体综合全面的认识。当学生心里有了明晰的大历史图景，就一定能答好任何历史考卷。

梦想从这里启航

——多所名校青年领袖特训营侧记

韩世文　韩明礼　黄建海

青春是美好的，因为她拥有无限的可能性；梦想是可贵的，因为她引领我们走向更美好的未来。

当青春与梦想相遇，便生出无数故事；当思维与智慧碰撞，便产生无穷力量。这是指引方向的领导力，奠基未来的学习力。

于是，以思维导学为核心理念，一场场以"发现自我，拓宽视野，提升格局，点燃梦想"为主题的青年领袖特训营（又称清北学霸特训营，以下简称特训营），先后在北京、广州、昆明等地名校上演，不断拓宽学员的视野，拔高学员的精神海拔，让每一个参与其中的人重新点燃自己，激活梦想。

这场特训营到底是怎样的特训？又如何通过一周时间让参与的中学生发现更好的自己，找到更大的追求，形成更持久的动力？我们不妨走进这些特训营，从青年领袖身上寻找答案。

以"团队展示"来启航

2023 年 8 月 24 日,在清华附中大兴学校高中部开启了一场为期一周的青年领袖特训营,特训营由十二名清华、北大的优秀学子做导师,来自清华附中大兴学校的九十名高一新生深度参与其中。通过新生与导师的"面对面、手拉手、零距离",以及一系列的课程和实践活动,引导学生发现学习的魅力,提高个人人生格局,培养深刻的思想境界,提升每个学员的领导力、沟通能力和团队协作能力,为他们未来的发展打下坚实的基础。

特训营选聘的导师十分"特殊",他们都是来自清华、北大的优秀学长,拥有各自独特的成就和学习背景,但他们也有一个共同点,那就是在高中的三年里,他们非常注重学习方法和学习能力的提升,并且积极参与各种社会实践活动。他们与学员的分享和交流,有助于刚入校的新生更好地了解如何在高中生活中充分发挥潜力,建立自己的学习方法和目标,同时也能够为未来的成长和成功打下坚实的基础。

在别出心裁的微视频导师自我介绍环节里,每一位导师的 VCR 短片介绍来自不同家庭背景的导师的成长经历。导师们"锲而不舍的精神,不遗余力的坚持,发愤创新的范儿"给学员们留下了不一样的印象。

这些青年导师与高一新生年龄相仿,与学员们交流和沟通起来毫无障碍。这种特殊的亲切感帮助学生更轻松地接纳知识。这些学长分享的高中学习经历、学习方法和大学生活点滴,无疑为刚踏入高中的新生提供了宝贵的经验。这些分享对于学生们来说,犹如雪中送炭,帮助他们开阔视野、了解学校以外的世界,提升个人格局,为未来打下坚实基础,这是其他专家和教师所不能提供的。

在"发现自我"主题环节，学员们通过合作学习、与他人交流、沟通和思维碰撞，展示他们的优势，同时也意识到自身的不足，明确自己的发展方向和目标。这个过程实质上就是自我改进、自我成就和超越的过程。在拓展视野的同时，学员们的内在动力被激活，成功实现了动力的"换芯"，激发了更高的行动力，克服了拖延和疲惫，更专注地追求自己的目标，努力实现自己的价值和理想；深入思考问题的本质和影响，更全面地认识自己和世界，更好地规划自己的人生道路，将个人人生梦想融入国家发展的时代浪潮，建立了人生阶段性目标和终极目标。这使他们从整体出发，更好地适应社会的发展、变革和挑战，为未来的成长和进步打下坚实基础。这也正是举办这样的特训营的初衷。

此外，青年领袖特训营也作为一个交流与合作的平台供学生们使用，让他们结识来自不同背景的同龄人，共同探讨学习和生活经验。这种跨学段、跨学校的交流与合作，将学生置于现实与未来的交汇点，成为名校高才生导师与未来领袖人才之间的桥梁，有助于学生拓展视野、增强人际交往能力，并培养团队合作精神。

这样的特训营，随后也在广州清华附中湾区学校、昆明西南联大研究院附属学校等地陆续开营。整体来看，其独特之处就在于它结合了思维导学的原则，"从学习中拓展视野，在拓展中习得方法，从掌握方法中改变习惯，从养成习惯中激活动力"，思维导学强调问题的提出和解决，通过学习如何应用思维导学的方法，学员可以主动参与、反思自己，发现差距，形成清醒的自我认知。这个过程有助于激发学员内在的梦想，引导他们在领导力、创新思维和实践能力等方面不断发展，同时也提高了他们的学习效率和方法。

以"小组合作"为形式

思维导学鼓励学生在小组中合作学习。这有助于他们分享观点、讨论问题，并从同伴中获得不同的见解和反馈，以讨论或辩论的形式扩充思维的多样性。

小组合作是特训营从始至终的形式，这也是思维导学的独特性。

分组后，命名成了小组成员们破冰的第一个任务。"不等式、干得漂亮、考试阅卷、深藏'blue'、说得都对、十人行、代号007"等，或个性，或霸气，或富有诗意。从小组命名可以看出学员们"学习新知，追求美好，奉献团队，成就自我"的美好愿望和朝气蓬勃、青春亮丽的精神风貌。

小组成员此刻或许还互不相识，但以小组为单位的学习可以帮助学员很快打成一片。这也是小组合作的魅力所在。在一天的合作学习后，黄乐轩介绍了她第一天的收获。她认为"在这里认识了非常多志同道合的好朋友"，一天下来，她"学到了很多好的学习方法"，"培养了团队协作能力，以及在未来学习生活当中独立思考和思辨的能力"，活动当中"自己也非常自信地向大家展示了比较独特的一面"，她认为，从优秀的导师身上学到了"无论学习生活当中多么困难，都需要沉着冷静地应对各种跌宕起伏以及低谷期"。学员们夸她"是一个有趣的灵魂"，展讲时"总是能够很快地融入，条理清晰，沉着冷静"。

王梓童则自信地表示，"我们组是'干得漂亮组'，第一天我们就拿得了第一"，一天下来，"收获最大的是团队合作，做思维导图"。导师对我们非常好，"在导师的带领下，我们成功破冰"，"再就是自信心的培养，一开始上去展讲，还不敢说话，一天下来，胆子就大了"。

在语文专题改写的时段，活动现场体现了分工、协作和补位。也体现了一个中学生信任背后的责任与担当。人人都是小组长，个个都是学科长，在这里体现得淋漓尽致。

第二天的数学母题改编中，小组合作更是发挥出了惊人的作用。各小组拿到活动要求及三个数学母题后，通过抽签决定小组需要改编的题目。展讲时需要做六件事，即"原题展讲、改变数字、数变字母、因果互换、要素变化和规律总结"。游戏规则规定A组出题，B组做，依此类推。当B组全部做对时，B组就取代A组获得最高成绩。在如此激烈的小组竞争中，小组协作能力或可成为小组取胜的关键，因此学员们都格外团结。此活动目的是，培养学生数学思维、逻辑推理、改题编题和创新能力，使学生掌握改题编题方法，达到做一题通一类的目的。

出错了题，惩罚也不小：降低本组等级。

三个母题分别为"四边形最值、追击相遇、三角形数形变换"。在整个活动中，学员积极参与改题编题，下课了也不休息，展现出极大的热情。比如，有的小组把四边形最值问题改成字母后，对字母的取值范围提出了要求，还增加了图形变化的条件；再如三角形数形变换的题目，把方程知识与不等式、函数相关内容进行了整合。十二个小组竟然展现了三十六种题型变化，课下完成了一百四十四种变化。学员编题的质量、方法以及展讲的熟练程度，让导师们也惊叹不已。

而这，体现的不仅是个人能力，更重要的是团队力量、集体智慧。小组的深度运行，为更好的学习提供了更多可能。

以"主动参与"为基石

思维导学强调学生的主动参与。学生被鼓励提出问题、表达观点，并积极参与课堂讨论和学习活动。这有助于激发他们的兴趣和好奇心，提高学习动力。

在北京特训营的首日活动中，青年导师在十二个小组中分享了他们的高中学习经验和求学心得，为学弟学妹们提供了恰切的指导和启发。

北京大学大三学生刘瑜泽导师的"如何提高自己的学习力"；来自北京大学中文系的黄柏泓，关于政史地学习方法的"给时间以知识，而非给知识以时间"；清华大学肖涵兮的"不做别人的'影子'"；清华大学经管学院杨熠化学学习的"体系化和框架化"，以及"学好物理＝思维＋方法＋刷题有道"，以及"时间捡'史'"，"时空观念抢先机，脉络必须清晰，历史逻辑是珍宝，论述高分少不了"；"政"道之光，"高中政治是不同叙事逻辑、话语体系的拼接，高中政治是相同逻辑的不同演绎"……各位导师从不同角度不同侧面给予详尽指导，让学员们受益匪浅。

在广州特训营活动中，清华大学经济管理学院熊立铭导师以趣味性问题导入，从"经济学是什么、经济学学什么、学经济学毕业做什么、学经济学有用吗"等四个方面为学员详细介绍经济学专业；清华大学生命学院赵文源导师分享自己选择临床医学的原因；清华大学工程物理系朱晋渝导师则围绕大学成长经历分享课程、课外活动、专业设置、趣味经历等，使学员们对清华生活以及大学生成长模式有了更为清晰的了解……

各位导师以分享自身经验的方式引导学弟学妹们提出问题："如何构建自己的学习反馈体系？如何调整心态？如何调节考场状态？如何克服负面情绪，集中注意力？周末的休息时间怎样放松？没有目标，怎么办？为什么要学习？"诸如此类学员重视的问题都由导师一一解答，极大地增加了学员在课堂中的参与感与对未来的憧憬。

在整个学习中，每位学员都承担了小组组织、合作、展示和交流的任务，并且不断轮换组织工作。在这个过程中，每个小组和每个人都积极主动地参与，没有休息，现场没有任何一个闲人，每个人都全身心投入。这种学习方式的变革激发了学生学习的内在动力。可以说，全新的教育理念让学习变得更有意义。这种学习组织方式提供了一个平台，不仅提升了每个学员的学习能力，也促进了小组的平衡和协调发展；这种学习形式也展现了"全员参与、各取所需、人人提升、个个发展"的研训方式的独特魅力。

很多学员分享了他们的体验和收获。有学员说"我们都轮流担任小组长""我们每个人都站在讲台上"，还有学员说"导师的分享让我学到了高中学习的策略和方法，我们也学会了如何合理安排时间，甚至掌握了情绪的控制"。可以明显看到，一天下来，学员的变化是巨大的。这种起于主动学习的兴趣是思维导学的第一步。

在之后的英语专题活动中，面对十分艰巨的任务，在接近四小时的时间里，几乎所有学员都没有一刻停止学习活动，甚至连课间休息都在讨论相关学习任务——看来，不是学生不爱学习，而是枯燥的学习方式不受他们待见。如今兴趣使然，主动学习成了特训营里的常态。

以"问题导向"引思考

思维导学注重问题的提出和解决。学生学会如何提出深刻的问题，分析问题，然后通过收集信息和思考找到答案。这有助于培养批判性思维和解决问题的能力。

在围绕语文学科的特训营时光，导师分享了与高中语文学习相关的经验。在分享中，学员大胆提出质疑，积极展开讨论，不同观点交锋激烈，整个现场弥漫着求真务实的氛围。学员争相发言，对导师对语文的多角度解读和学习方法表示质疑，而质疑提问与讨论见证了学员们思考的全过程。

在专场活动"名篇大作我来改"中，"问题导向"引发思考更是贯穿了整个活动。在该活动中，学员们会得到三篇经典文章，根据提供的材料和具体的议论文要求，对三篇文章进行修改，包括《矗立家国情怀的精神灯塔》《涵养"自找苦吃"的精气神》和《推动中国制造抵达更多"极点"》。他们需要针对篇章结构、论点论据、论证方法等方面进行精心的修改，并在整个特训营展示他们修改后的作品。

在这个过程中，有的小组对《推动中国制造抵达更多"极点"》的结构进行了修改，认为应该先写重要性和意义，再写成绩和问题，最后再说推动措施，这样更符合逻辑。也有小组认为，这篇文章缺少对青少年的期待，添加了有关内容。还有的小组认为，文章有好多专业术语，不便于读者阅读，因此改成了通俗易懂、形象生动的语言。

有的小组认为《矗立家国情怀的精神灯塔》一文中，某些观点缺少论点支撑，添加了相关论点。有的小组认为，文章中缺少反面论据，通过对比论证，对文章的分论点进行了补充。还有的小组对如何从青少年抓起，进行家国情怀教育，提出了很好的建议。

有的小组对《涵养"自找苦吃"的精气神》的论点进行了补充，认为吃苦应该从愿吃苦、能吃苦、肯吃苦三个方面进行论证，并增加了现实生活的鲜活论据。有的小组对最后一段文字内容与其他内容的衔接性提出了质疑，并与其他小组进行激烈争辩。还有的小组采用驳论写法，对文章的某些观点进行补充论证。

学员们在修改过程中展现了高度的批判性思维和创造力，不仅大胆质疑、提出问题，而后通过信息采集和思考补充了文章的论点和论据，还改善了文章的逻辑结构和表达方式。这些修改不仅提升了文章的质量，也展示了学员们的深刻理解和分析、解决问题的能力。

这是好问题引发深度思考的直接体现。

以"思维导图"展思维

思维导学常使用思维导图来帮助学生组织和展示可视化信息。这种图表可以帮助学生厘清概念之间的关系,更好地理解复杂的主题。

思维导图是思维导学中最直接展现学习成果的部分,也是思维导学中最显眼的存在。一个学生在画思维导图时,从"寥寥几笔"的留白式手法到层次分明、条理清晰的分布图,能让学生和导师最直观地看到进步,从而使学生产生成就感。

在一次次特训营中,所有任务的呈现都有思维导图的存在。比如在首日分营活动中:各组导师分享了自己的高中学习经验;三个小组抽签并合作制作思维导图,将导师分享的内容图形化表达;随后各小组相互点评,并简要总结他们制作的思维导图的特点,然后进行评分,以选出全天最高分。

随后的分营活动同样分为几个步骤:导师在小组内分享自己的学科学习方法;三个小组再次抽签并合作制作学科学习方法思维导图,将导师的分享内容可视化呈现;随后小组相互点评并简要总结学习方法思维导图的特点,评选出全天最高分……

由此可见,思维导图的使用贯穿学习过程。在语文专题活动中,由青年导师介绍自己高中语文学习经历和经验体会,学员根据导师的分享,结合自己体会,讨论形成高中语文学习方法思维导图。小组的文章改写过程通过思维导图的形式呈现,从论点论据、论证方法到文章结构,从点到线、从线到面,最终完成改写。

英语专题中,更是直接在任务发布中标明了需要使用思维导图作为答题方式,提炼文章的关键信息和每个段落的关键词,画出文章的思维导图，并据此复述文章的主要内容。

数学专题中，一张逻辑清晰的思维导图可以成为小组在当日胜出的关键性因素。在当天的活动中，首先由导师分享他们高中数学学习的经验和体会。然后，小组展开讨论，形成高中数学学习方法的思维导图。在小组内宣讲后，通过抽签方式，全体学员进行展讲。

其中一个小组强调高中数学学习的关键在于深刻理解数学概念和运用数学思维，掌握解题方法和规律，而不是仅仅依赖大量刷题。他们认为只要建立坚实的基础，理解并掌握数学思维和方法，再加上适量的练习，就可以有效应对数学学习的挑战，使高考数学变得更加简单。该小组的观点逻辑条理分明，这一点也展现在他们的思维导图中。

最后，通过小组评分选出了当天的优胜组。整个活动过程成功地调动了每位学员的积极性，思维导图则成为展示思维成果、提炼关键问题的重要工具。

以"学习策略"作导向

思维导学引导学生如何制订学习计划、管理时间、制定目标和选择合适的学习资源。这有助于提高学习效率和自主学习能力。

导师分享自身经验可以作为学生制订自身计划的参考，因此，在每一个学科活动开始，都会有导师介绍学习经历。在导师分享后，学员需要根据导师的经验结合当前形势与自身现状，归纳总结出适合自己的学习策略。

单语文一科，学员们就总结出十个需要注意之处：

1. 调整心态，保持一颗语文学习的"虔敬之心"，学会欣赏语文之美。真正明白语文在学习和生活中的重要性。摒弃"学不学都是一样的""语文就是玄学"的心态。虽然越到高三语文教学会越应试化，越强调规范，但我们仍然要培养和保持对于文字本身的兴趣，而不是一味地刷题，背套路。始终坚持语文学科的"长线学习"思维。

2.端正态度，克服急功近利意识，调整语文学习方向。不局限于老师让我背什么就背什么。好读书，写文章，勤积累。重视阅读——不积小流，无以成江海；预习和复习——"知所先后，近乎道也"；如何高效积累高考语文背诵的知识——日积月累，慢即是快；阅读、练题的矛盾——阅读为主，练题为辅。

3.统筹兼顾，合理安排九科或者六科的学习规划。结合所学科目，规划语文学习，既不心血来潮只学语文，也不会不管不顾不学语文。高一、高二保证充足的时间学习语文，打牢基础，高三一轮地毯式复习，二、三轮复习可以根据自己的情况合理调整。巧用零碎时间，形成习惯。

4.重视课本重视课堂，形成语文学习模块化意识。按照每一个板块进行积累和学习，摒弃听语文课没用的想法。语文学科的特征是，部分考题和平时所讲内容关系很大，基本上就是要做好归纳记忆，在阅读理解、写作、古文上，考题与平时所讲内容又看似不太相关，但实际上并非如此，注重培养解题素养非常重要。

5.抓住阅读和理解这一高中语文学习的核心。多读经典文学作品，注重写作训练，善于分析和归纳。提高对文学作品的理解和欣赏能力。在阅读过程中，分析和归纳文学作品中的主题、情节、人物形象等要素，以及分析作品的结构和艺术手法，深入理解作品的内涵、艺术特点和意义。

6.注重逻辑，坚持积累，做到胸中有墨水。在注重逻辑的前提下，做好立意和审美。注重思考和逻辑的严密性，写好议论文，学好文言文，提高语言表达能力和思维逻辑能力。坚持文化积累、文学常识积累、优秀语段篇章的积累，包括精美的字词句子、名人名言、好的事例材料、典型作文素材的积累。

7.在打好基础上抓进阶。从新手到高手的进阶之路，一是抓基础，包括写作（应试性、实用性）、阅读（课内、课外）、常识（文学、生活）；二是抓进阶，包括时事（国际、国内、个人）、做题和总结分析归纳。

8.查漏补缺，明确学法。在高一第一学期适当补充学习相关的语法知识，如词的构成、词类划分、短语分类、句子成分、单句与复句、常见的语病、文言文中常见的词的活用及特殊句式等。学会预习、做笔记、使用工具书等。做到三先三后：先预习后听课；先复习后做作业；先独立思考后请教别人。做到三戒三倡：一戒把学习当作苦役，提倡对知识和智慧的追求；二戒过多地、单纯地死记硬背，提倡以掌握事物本质规律的理解记忆为主；三戒解题模式化，提倡勤于思考，提倡思维的灵活性。

9.平时积累，考试成篇。平时积累：积累好词好句和事例素材，1个事例 N 个素材。练习方法：一材多用，同一素材突出不同主题。素材积累包括时事热点、新近事例（新闻——人民日报公众号）、古今中外（避免素材类型单一），避免有争议的素材（如针对某些商界人物，可以阐述真实事例，不主观赞美）。考试成篇：包括立意→审题＋多元辩证思维；结构→简单三段式或其他高级结构；语言→阅读＋背诵积累。题目结构：主谓、动宾、偏正等。高分作文的要素：字好看；开头的论点，要足够新颖和吸引人。

10.阅读理解有奥秘。在阅读文章时，注重理解作者的观点和意图。要注意关键词和上下文的联系，通过标记关键词和重点句子来帮助记忆和理解。学会运用推理和推测的能力，理解隐含的信息和作者的意图。泛读与精读：在阅读一篇文章时，首先进行泛读，了解文章的大意和结构。然后再进行精读，深入理解文章的细节和内涵。速度与理解：泛读时，要注重提高阅读速度，同时保持对文章的理解。通过阅读技巧，如扫读、略读等，快速获取文章的关键信息。分析思考：精读时，学会提问和思考。例如，这篇文章的主题是什么？作者想表达什么观点？文章的写作风格和语言特点是什么？

数学活动中，学员们也保持优异的水准，提出了多种可行的学习策略。"如何把数学之花开在高山之巅？"一个小组针对高中教学存在的盲目刷题、无效刷题、刷无效题的痛点，以系统思维的方法，紧紧抓住"题"这个"牛鼻子"，规划了把"数学之花开在高山之巅"的实施路径。以"平日的数学练习、编纂试题、错题点本、轮盘大法"为二级子题目，设计了全新的学习方法：平日里做好数学计算、代数综合、合理使用草稿、"抄"出好成绩。在做题做什么方面，筛选有典型思维、创新和有代表性的题，特别提出了编纂试题：通过思维导图把握单元或板块知识与方法，转换思维角度，由受试人向出题人转换，体会出题人的思维，与同学交流心得，互相讲题。在错题点本方面，不是一抄了事，而是精准找到错误点，合理排布晒出要点，形成一条错题点，这样做的优势在于高效、节约时间，密度高，便于复习，引发新思考。在轮盘大法方面提出：整理资料，总结题型，归纳方法，读懂例题，整理运用。

有小组从"数学能力与思维技能、学习方法论、如何学好数学、真正的数学"等维度对数学学习的要素进行了分享，提出"掌握基础、理解原理、自主思考、灵活变通"等方法。有小组"于大处着眼"，梳理整体结构，学目录、学导言、做导图、划分意义群，梳理关系；"于小处着手"，把单元知识核心定理延伸到整个体系。识别模式，反复练习，区分定理、条件、方法论、题型、方法、易错点，反复做到实处；通过权衡利弊形成学习的战略战术。

有小组提出草稿分区、错题归纳、考前归纳、错题归纳四步法。有小组提出"数学拯救计划"：A（成功）=X（正确方法）+Y（努力学习）+Z（少说废话）的公式。还提出注重基础的方法：掌握基本概念，把握考点，课本学习常读常新，总结做题流程等。

有小组提出学习数学要"直面痛苦，认清现实"，归纳了数学"听课、复习、考试"的方法。在听课方面，提前预习，听课时全神贯注，耳到、眼到、心到、口到、手到，注意开头结尾，课前做好精神准备和物质准备，上课时做好笔记，注意讲课要点和课上思考；在复习方面，建立错题本，课下回忆复习，梳理总结单元知识和方法系统；在刷题方面，避免沉迷套卷、从不复盘，检查做题方法是否正确；在考试方面，考试前，心理暗示，提醒自己增加自信，考试中，把握时间，答题规范，思路清晰。

在英语的学习中，学员们也展讲了许多学习策略。有的小组鼓励大家张开嘴巴，不学哑巴英语，有的小组呼吁同学们在生活中学习英语，比如看英文电影、听英语新闻、阅读英文小说等，有的小组强调在大量阅读中扩大词汇量和掌握语言现象，有的小组建议同学们增强对英语文化背景的理解，有的小组希望把阅读和写作结合起来，以读促识，以读促思，以读促写。当然，也有小组以传统的听说读写要求为基础展开。

……

学习策略的提出是为了更好地帮助学生管理好自己的学习时间和计划，在刚刚步入高中的时刻，学员们已经为自己的未来三年制定好了属于自己的学习策略，这无疑是帮助他们在梦想的道路上前进的一大步。

以"自主学习"为目标

思维导学的目标之一是培养学生的自主学习能力，使他们在教师指导下能独立学习和探索知识。

在英语专题活动中，学员自主探索阶段的所有任务皆可为学生自主学习的样本。

"我是英语阅读达人"英语学习活动中，学员们围绕"Social media changes how we interact""Laying present fears to rest""Scientists collect snow samples in the Arctic"三篇文章中的一篇文章，按照下列思路完成相关学习任务：

1.根据文章标题猜测文章的主要内容（写了什么，怎样写的，为什么要写），并在阅读文章后，说明自己的猜测与文章的异同，以及对自己写作类似文章的借鉴价值。

2.按照阅读理解类试题测试的问题类别，自己编写问题（至少五个以上的问答题），并尝试回答。

3.猜测文章中的新词汇或短语的大意，再查阅双解词典，写出相应的英文注释，然后再列出同义词或近义词，编写词汇练习，并写出答案。

4.找出文章中三个长句，把其分开成短句子，总结长句构成规律，然后编写语法改错题或填空题，并写出答案。

5.按照高考CLOZE TEST的命题要求，对阅读文章命题(至少十个空)。

6.提炼文章的关键信息和每个段落的关键词，画出文章的思维导图，并据此复述文章的主要内容。

7.尝试删除文章最后两段后，续写与文章主题一致，但内容不同的一到三段文章。

8.用英语写一段读后感。然后，小组讨论、修改、完善，并进行展讲准备。可以很精确地提出前几个问题中的关键词"猜测"，学员便可依照此任务自问自答，完成自主学习的整个过程。

在仅三天的思维导学训练后，克服语言的难关完成此艰巨的任务，看上去几乎是不可能的。但在导师的指导和同伴的帮助下，学员还是比较顺利地完成了这个看似不可能的任务：有的学员说拿到"Scientists collect snow samples in the arctic"这篇文章后，猜测文章描写科学家在北极收集雪样本的过程，但读完原文后发现，文章的主要内容是写北极雪中出现了塑料微粒以及对人类的危害，并谈了自己写作科普类文章时的体会：可以模仿此篇文章严密的逻辑、清晰的结构、生动的说明方法来写自己的文章。有的学员说明了自己命的 CLOZE TEST 题目以及命题依据。有的小组介绍了本组删除 "Laying present fears to rest" 一文后两段后，续写的内容与原文的不同之处：列举科学家的研究证据，说明噩梦不单纯是有益的，也有很多有害之处。至于词汇练习、阅读理解类问题以及语法练习编写这些以前老师常做的工作，相比起上述复杂任务而言，就显得微不足道了。

在渡过了如此艰险之关后，人人参与的学习环境使得人人皆有了"自主学习"的样本，真正做到了人人提升，个个发展。

学习最终都应该走向自主，在相对的条件和方法支撑下，越自主的学习，其成效可能越大，应对未来的挑战越有力。

以"跨学科应用"来实践

思维导学强调跨学科学习，鼓励学员将不同学科的知识相互关联，以不同学科的思维融合来启发新的学科思维，便于用更全面的方式理解世界。

在数学专题中，已有学员以自主的形式实践了"跨学科应用"。在数学母题改编活动里，有小组把追击相遇问题，与物理学加速度的知识相结合，并增加了相遇次数的要求。

在特训营中，"跨学科应用"最集中体现在英语专题活动上。英语是语言难关，导师们对难度进行了升级。在"我是英语阅读达人"的学习活动中，要求学员围绕 "Social media changes how we interact" "Laying present fears to rest" "Scientists collect snow samples in the Arctic" 三篇超出他们能力范围的文章中的一篇文章，按照思路完成相关学习任务。

其中，按照阅读理解类试题测试的问题类别，自己编写问题（至少五个以上的问答题），并尝试回答。结合了前日的数学思维，需要组员结合自身创新思维完成此题。

提炼文章的关键信息和每个段落的关键词，画出文章的思维导图，并据此复述文章的主要内容。该题可结合语文阅读的经验以及思维导图完成梳理。

该活动的最后两题：尝试删除文章最后两段后，续写与文章主题一致，但内容不同的一到三段文章；用英语写一段读后感，然后小组讨论、修改、完善，并进行展讲准备。二者皆可与语文学科互通。前一题可以借鉴随后语文专题活动中的经典文章改写来进行，后一题则是考验写作能力。这两个任务虽都有借鉴但难度均有所上升。通过"读后续写"改写和分析写作意义的形式，对学员阅读和写作能力进行综合训练。根本目的是通过删除后续写和写阅读感受的方式，提高学生思辨与写作能力，而删除后续写与续写的不同在于，前者更强调审辨式思维，提高了教与学的要求，给刚刚进入高一的学生带来了极大的挑战。

"跨学科应用"是对学生思维逻辑的整合再转化，短时间内实现"跨学科应用"的可能性并不高，特训营将该实践放在了课程的最后一项，也是希望学员能够在最短的时间里把学到的知识化为己用，达到自身潜能的突破，并由此产生成就感。

以"适用性"作延伸

思维导学不仅适用于学校教育，也可在职业培训、创新领域以及个人成长中应用。它有助于培养人们的分析能力、创造性思维和解决问题的技能。

青年领袖特训营旨在引领学生在高中三年中，不仅追求卓越的学科成绩，更要发展卓越的学习能力和思维方法。通过引导学生的方式提前规避了一些高中学习过程中可能出现的问题，比如厌学、偏科以及创新力匮乏等。通过深入思考、系统整理知识、掌握有效解决问题的方法，学生们不仅能够在学业上取得更好的成绩，还能够培养出自主学习的习惯，拥有创新思维和协作精神。

　　在特训营中，我们已经看到了许多学员在短时间内的巨大进步。学员们通过与清华、北大导师的亲密互动，学会了更高效的学习方法，通过思维导图的构建，更清晰地理解了知识体系。他们在讨论和展示中锻炼了自己的表达和沟通能力，更加自信地站在了讲台上。

　　通过特训营的形式，不断培育人才，引领人才，唤醒价值成长力。我们期待着看到每位学员不断成长，不仅在考试中取得佳绩，更在未来的学习和生活中，展现出卓越的能力和领导力。当自身潜能被不断释放时，人就会在面对困难时有说出"我可以"的勇气。每个人都可以创造属于自己的成功，思维导学从共性出发，挖掘个性，让每个学生的人生拥有了更多可能。

　　青年领袖特训营的导师在深度参与过程中，也总结出以下的培训价值：

　　定位高：助力孩子终生发展。相较于以往针对高中学科学习的培训活动，这样的培训格局更大，其注重"授之以渔"，解决学习的底层问题，效在长期；注重培养学生的综合素质和能力，而不仅仅是传授知识；这是从整个高中阶段甚至成长全程的尺度来讨论和培养学生的自我性、前进动力、胸怀格局与梦想等更根本的问题。这样独特的目标定位让人眼前一亮。

　　形式新：双导师＋小组制，师长保驾，好友同行。特训营既有来自清华、北大的高校学生作为青年导师，又有各个学科的名师引导。青年导师分享自己的学习方法、学习经验，引导学员结合自己的实际，提高学习能力；学科名师引导学员发现学科之美，探索方法规律，学会变化创造，激发学员自主学习的欲望；通过小组合作形式，最大限度鼓励学生自主创新，培养勇气、自信、创造力，激发学生敢想敢干的优秀品质。

过程实：四大模块＋三大学科活动，稳打稳扎学得真功夫。特训营四大模块有逻辑且相互贯通，全程不是生涩的方法灌输，也不是一碗碗鸡汤，有相对应的学习方法，有即时效果的检测反馈，有上台展示自我的黄金机会，有导师给予的建议与鼓励，实现了闭环的传道习术。学员们得以突破眼前高中生活的局限，走进大学，走进大学学科，了解社会。在耳濡目染的熏陶、交流和引导中，学员得以进一步开阔视野、提升格局、习得方法。

在结营仪式上，特训营总导师房超平为学员写下了这样的颁奖词：

无限的可能性
——致如此优秀的你

从羞羞答答到从容大方
从顶礼膜拜到水乳交融
从犹豫彷徨到直呼过瘾
从信心不足到踌躇满志
……
五天的时间
不长也不短
但一定会给我们
留下深刻印象
因为它见证我们
成长的足迹

更因为它激励我们

成为更好的自己

一日为师

终身为友

让我们成为永远的朋友

不论何时何地

相互牵挂

相互激励

相互支持

在我们为导师的成就

倍感自豪的同时

也期待导师默默祝福

我们的每一点进步

我们从导师身上

学到了学习方法

也学到了改变自己的策略

更学到了他们追求卓越的精神

并以此鞭策自己不断前行

任何时候

都要坚信

自己的潜力是无穷的

只要我们

不放弃希望

不故步自封

不犹豫徘徊

我们就有无限的可能性

因为我们恰同学少年

因为我们生逢其时

更因为有更多优秀的人

关心和支持

与优秀为伍

与真理为伍

因为我们认识了

一批优秀的人

更因为我们看到了

智慧的力量

它应该成为我们的座右铭

伴随我们成长的每一步

为我们赢得更高的平台

让我们成长的每一步

都坚实有力

方向比距离更重要

既然我们确定了目标

我们就应该仰望天空

义无反顾

选择比努力更重要

既然我们选择了远行

我们就应该脚踏实地

执着前行

信心比黄金更重要

既然我们坚定了信心

我们就应该主动进取

不断超越

特训营即将结束

而结束意味着新的开始

一段更加精彩

又崎岖的旅程的开始

但这样的开始

已与以往完全不同

它是站在一个新的

更高起点上的开始

它赋予了我们不一样的使命

它给我们注入强大的正能量

让我们在追梦路上

风光无限

特训营有结束之日，但是成长没有尽头！

每一次优秀的相遇，都将为美好未来种下理想的种子！

越努力，越幸运，卓越人生梦想，就这样从这里启航！